JN272490

# 公共交通の過去と未来

●

森本知尚

御茶の水書房

## はしがき

　わが国の公共交通の歴史は，近代国家の成立以降で考えると明治にさかのぼる。わが国ではじめて近代的な交通機関として誕生した新橋，横浜間の鉄道は，全国に鉄道網を張り巡らせる契機となった。鉄道の時代を迎えたわが国は，私有鉄道ブームを経て，鉄道国有化法の制定以後は，都市周辺の一部を除き鉄道の開発と運営は政府の役目となった。

　その後，鉄道は第二次世界大戦で大きく被害を受けるが戦後，驚異的な速さで復興された。しかし，高度成長期に入ると自動車の普及に加えて，国内航空も発達し，長距離移動の乗客を国鉄から奪っていった。しかし，窮地に追い込まれている国鉄であるにもかかわらず，地方ローカル線の新線開発が続けられ国鉄の経営を圧迫した。その原因は，自らの経営に対する権限を国鉄には十分与えられず，政治との関係を断ち切ることが出来ない状況が続いていたからであった。また，国鉄の労使関係も悪化し長期間に及ぶ大規模なストライキが度々発生し，国民の信頼を失うことになった。

　国鉄のストライキを利用して伸びていったのが自動車による貨物輸送である。国鉄は自らライバルである自動車にその地位を明け渡していったといっても過言ではない。国鉄はついに25兆円余りの巨額の累積債務を抱えることになり，1987年ついに地域分割による民営化で国鉄は解体された。

　国鉄の存在はわが国の公共交通のシンボルであり，逆に公共交通に対する最大の規制でもあったように感じる。国鉄が解体されて以降公共交通に対する政府の方針は保護から市場競争へと転換され，大幅な規制緩和が急速に進行した。規制緩和策の中で最も象徴と言えることは，公共交通事業への参入と撤退の規制が大幅に緩和されたことである。しかし，その規制緩和は思わぬ弊害を生んでいる。90年代前半のバブル崩壊後悪化しつづける財政は，巨額の赤字を生んでいる。地方財政も悪化し，公共交通などに対する補助金が大幅に削減されたり，打ち切りになったことにより，地方の公共交通は，

存続の危機にさらされている。中には，公共交通の空白地帯もすでに発生している。

ところで，わが国の自動車交通は高度経済成長期に大きく自家用車が普及した。また，国道の舗装や高規格化が進んでいった。一方，名神・東名高速道路の開通を契機に全国で高速道路の建設が始められた。また，九州に繋がる道は，海底トンネルや架橋が建設された。四国では3つの架橋ルートの建設により本州と地続きとなった。しかし，それらの開通により，四国と本州を結ぶローカル航路の廃止が進み，交通弱者の多い高齢化の進む瀬戸内の島の交通に大きな影響を与えている。

全国の高速道路網計画は完成の領域に達しようとしている。現在の高速道路の整備は，一部の大都市圏の首都高速道路を除くと，地方の高速道路の整備に推移していると言っても過言ではない。さらに，地方の一般道路も一層の高規格化が進行している。しかし，その反面ローカル鉄道やローカルバスの利用客を大きく減らす原因にもなっている。特に近年交通の規制緩和とともに大幅に路線は縮小の一途をたどっている。一方，少子高齢化が進行し，移動手段を自動車のみに頼る交通では，近い将来社会が成り立たなくなる可能性が懸念されている。

ところで，私たちの生活の中で感じることは，自動車がいつまで運転できるかということである。当然，政府も運動能力の劣る高齢者の運転を防止するために運転免許更新時に新たな規制を設けることに合わせて，自動車運転免許返納制度を促進している。しかし，公共交通が撤退している地方では制度がなかなか進行していない。一方，自動車の運転が出来なくなるのは高齢者のみでなく病気などにより突然運転が出来なくなる可能性が若い人にもある。しかし，最近発生した多数の死傷者を出した重大事故では，本来運転が禁止されている持病がある運転者が引き起こしているケースがある。しかし，なぜそのような人が無理して運転をしたのかを考えると，直接自動車を運転する運輸業以外の職種でも運転免許を雇用条件に加えていることが多く，自動車が運転できなくなることは失業を意味すると考えられる。また，事故を起こした運転者は，運転免許更新時に不正に更新を行っている実態が浮き彫

## はしがき

りになっている。これはわが国の社会の歪みであり。自動車を運転することが単なる楽しみではないことの証拠でもある。

ところで，未来の公共交通を考える中で大切なことは，今後どのような方法で公共交通を維持するかということである。例えば，最近，安い運賃の擬制のバスツアーのような不安定な長距離バスの利用者の増加を背景に貸し切りバス事業者が急増している。一方，国土交通省の貸切りバス事業者への管理監督が進まない行政の実態も報告されている。これは，社会システムとして最も懸念すべきことである。一方，さまざまな方法で生き残りをかける地方私鉄や採算性を考えず，住民福祉に徹して最低限度の交通確保の為に運営される公営の地域循環バスなどについても考えてみた。

ところで，最近，若者の車離れとカーシェアリングが社会に浸透しようとしている。その理由として，環境問題や若者の雇用問題さらには情報化社会の進行なども絡むが，今後もこのような動きは大都市を中心に加速すると考えられる。いつでも使えて便利なので車を利用する。これが自家用車を所有する理由の一つである。しかし，それだけの為に多くの資金と危険を背負う車社会は，人口の高齢化と所得格差が広がるわが国においてそう長く続けられないように感じる。今後，社会に必要なことは，どのような人でも一定の移動手段が確保できることであり，それは生存権の一つとして交通権を私たちが社会に求めて行かなければならないのである。そのために私たちは今後どのようなことを考えなくてはならないのか本書を通して読者の皆様と一緒に考えて行きたいと思う。

ところで，本書執筆にあたり，貴重な資料を提供して頂いた皆様に心から感謝するとともに，いつまでも心配の絶えない息子を思いながら平成22年11月に他界した父と徳島に独り残る母に心より感謝したい。

平成24年7月20日　　　　　　　　　　　　　　　　　　　　森本知尚

# 公共交通の過去と未来
## 目　次

# 目次

はしがき　i

## 第1章　日本国有鉄道の軌跡──3

はじめに　3

### 第1節　日本における鉄道の嚆矢　3
1　初めての鉄道開通をめぐる動き　3
2　民営資本の鉄道の開通　5

### 第2節　鉄道国有化から戦時下までの国鉄　7
1　鉄道国有化への流れ　7
2　国鉄の体制強化と政治との関わりについて　9
3　建主改従，改主建従論争と第二次大戦下の国鉄　10

### 第3節　国鉄の戦後から新幹線開通まで　15
1　国鉄の新発足と戦後の復興　15
2　国鉄の高度成長期の改良計画　21

### 第4節　東海道新幹線開通後から国鉄崩壊まで　24
1　改革の失敗と累積する債務　24
2　運賃値上げの悪循環と国鉄解体の始まり　27
3　政府による国鉄改革の開始と鉄道の地方格差の始まり　29
4　中曽根内閣の下での国鉄改革　32

小括　33

## 第2章　都市周辺の交通機関の考察──37

はじめに　37

### 第1節　桃花台新交通を考察する　38
1　桃花台新交通の概要　38
2　新交通システムの考察　40
3　桃花台新交通の輸送実績　43

目次

第2節　桃花台新交通の廃止要因を探る　44
　　1　交通の規制緩和とバス事業の拡大　44
　　2　桃花台新交通のシステム的弱点について考察する　47
　　3　住宅開発の要因　49
　　4　桃花台新交通廃止後の住民の状況　52

第3節　経営に苦しむ地方都市の
　　　　新交通システム広島高速交通の考察　53
　　1　新交通システムの輸送力　53
　　2　広島高速交通の現状　54

　　小括　57

# 第3章　現代の公共交通機関をめぐる最近の状況 — 61

はじめに　61

第1節　公共交通と規制緩和　63
　　1　地方交通の現状　63
　　2　高速バスが鉄道事業に与える影響の考察　65
　　3　高速バスの今後についての考察　67

第2節　本州四国連絡橋開通後の四国内交通の変化　70
　　1　本州四国連絡橋と高速バス　70
　　2　本州四国連絡橋の盲点の考察　75

第3節　公共交通が取り残された原因についての考察　80
　　1　運転免許返納制度が進まない原因を考える　80
　　2　公共交通の運賃の考察　81
　　3　料金徴収システムについての考察　84

# 第4章　持続可能な公共交通の考察 ── 89

はじめに　89

第1節　地方交通を考える　89
　　1　再建を試みる地方私鉄　89
　　2　コミュニティバスについての考察　92
　　3　異業種の企業が地域交通を支えている事例　95

vii

第2節　今後の地域交通を支える方法の考察　98
　　1　交通権について考える　98
　　2　鉄道の利点を考察　100

# 終　章　わが国の社会システムから鉄道の必要性を考察　105

　　はじめに　105

第1節　地域交通をめぐる状況　105
　　1　地域交通をめぐる変化　105
　　2　通学時間帯について考察する　106

第2節　自動車による貨物輸送と交通事故　107
　　1　トラックによる交通事故についての考察　108
　　2　大型トレーラーによる事故について考える　110

おわりに　113

注　121

**参考文献**　126

**索　引**　127

# 公共交通の過去と未来

# 第1章　日本国有鉄道の軌跡

### はじめに

　わが国の代表的な公共交通は鉄道である。その中でも欠く事の出来ないのが日本国有鉄道である（これより先を国鉄と表現する）。国鉄は，明治5年の開通以来約120年間に渡り国民の足として活躍したが，わが国の高度成長期以降モータリゼーションの普及と航空機の発達のために旅客輸送，貨物輸送共に大きく輸送量を減らし赤字が続き巨額の累積赤字が発生しその解決のために昭和62年3月に全国を五つのブロックに分割した新会社を設立し貨物のみ全国一社として民営化され歴史の幕を閉じた。しかし，その功績は大きく，交通面以外にも各産業に与えた功績は計り知れぬものがある。ここでは，その国鉄の歴史について簡単ではあるが再度検証してみたい。また，国鉄の分割民営化が他の交通機関に与えた影響は，現在の交通体系に大きく影響を及ぼしている点にも考察したい。

### 第1節　日本における鉄道の嚆矢

#### 1　初めての鉄道開通をめぐる動き

　1872年（明治5年）10月14日，東京の新橋と横浜間の鉄道開通は，わが国で初めての鉄道開通として文部科学省検定の歴史教科書にも掲載され，国民に広く周知されている。しかし，それ以前に暫定的に鉄道が1872年（明治5年）6月12日に品川と横浜の間で一足早く開業していることはあまりしられていない。ところで，その歴史的開業以来約135年に余り鉄道は，公共交通の中心としてその地位を譲ることはない。ところで，日本人と鉄道の最初の出会いは，何時であったかを考えるとその答えは，意外に江戸時代であった。
　幕末の黒船来航以来日本は，米国，英国，オランダ，ロシア等の欧米列強

と次々と幕府は条約を締結していくが，そのころロシアのプチャーチン艦隊が長崎来航時に鉄道模型を展示した記録が残っているが，もう一方ではアメリカのペリー艦隊が浦賀に来航した際に江戸城内で鉄道模型を走らせたことがあった。当時，黒い煙を吐く蒸気汽船とは別に黒い煙を吐き陸上を走る乗り物にさぞ驚いたことであろう。当時わが国に持ち込まれたものは，蒸気鉄道の模型であった。

　明治に入り，本格的な輸送機関として政府が鉄道建設の準備が始めるのは，1869年（明治2年）である。同年11月5日に三条実美，伊藤博文，大隈重信らとイギリス人ハリー・S・パークス（英国の外交官）との間で日本初の鉄道建設に向けた会議が行われたのであった。ところで，当時明治政府内では，鉄道建設に対して抵抗感をもつ人物が多かった。そのため，この会議は，内密に開かれた。

　この会議では，日本初の鉄道の建設について，設計，施工に関しての一切を英国に依頼するという内容であった。その理由は，わが国には，鉄道建設に必要な技術と物資がなかったからであった。当時，わが国には，鍛冶屋職人などは存在したが，近代技術の粋を集めた鉄道技術を知る人物はいなかった。

　イギリスの技術をもとにして，鉄道建設が開始されたのは，1870年（明治3年）3月25日（旧暦4月25日）であった。

　ところで，あまり知られていないことであるが，わが国には，もう一つの鉄道の建設計画が幕末に進められようとしていた。それは，米国政府が旧幕府に無理やり認めさせた建設計画であった。これは幕末の1867年（慶応3年）12月に当時の老中で外国事務総裁であった，小笠原長行が当時の米国公使館書記官アルセ・ポートマンに江戸と横浜を結ぶ鉄道を建設する許可を与えたということであった。しかし，明治政府は英国政府の外交努力や旧幕府に対する反感意識が，米国に与えた建設許可を廃棄させたのであった。英国とのわが国との鉄道に対する繋がりは先述したとおり，薩摩藩主が国内に鉄道を引く計画（薩摩藩の鉄道計画）もあったが情勢の変化より途中で頓挫した。しかし，明治新政府に多くの薩摩藩出身者がいたことによりイギリスとの契

約が優先されたとも考察できる。

　鉄道建設をなぜ官単独で行えたかという理由は，技術面以外にも資金面でも英国が関係していたと言われている。当時，英国では，わが国の鉄道建設の噂を聞きつけた企業が，日本国向けの鉄道車両の製作から鉄道設備に至るほとんどをかなり以前に用意していたために是が非でも英国は，外交手段で日本との契約を資金提供をおこなっても結ぶ必要があったとも考えられる。当然，民間からの資金は必要なかったのである。

　ところで，わが国の初の鉄道建設は，順調には進まなかった。建設が始まった直後，明治政府に財政難が発生した。さらにそれに加え，弾正式台（当時の行政の監察機関）の強い反対に加え，用地の問題より兵部省の反対もあり，さらに，東海道沿いの旧市街地の買収も計画どおりに進まなかった。兵部省の反対理由は，浜離宮近郊に基地を計画していたがそこに新橋停車場の建設を始めてしまったことであった。兵部省は，さらに鉄道開通後のことについても，国防上の問題として基地周辺に，外国人を乗せた汽車が停車することは，好ましくないと付け加えもしている。兵部省との問題解決に時間を要したことより，建設は早く用地買収が終了した場所から鉄道建設を着工することになり，そのため一足早く完成する区間が発生したのであった。一方，兵部省との問題が難航した，新橋付近は，鉄道建設では珍しい沿岸の浅瀬の一部を幅6メートル長さ2,655メートル埋め立てたのであった[1]。

## 2　民営資本の鉄道の開通

　鉄道開通後，わが国の交通は，馬や人力車など以外に機械を利用した交通が新たに加わり状況は大きく変わり始めた。しかし，1877年（明治10年）に勃発した西郷隆盛らの反乱，西南戦争においては，政府は，その鎮圧に多額の軍費を費し，その結果，一時的にインフレーションに陥った。このインフレーションを何とか収束させた政府は，後に財政の引き締め策を行うことになった。このような状況では，政府が計画していた鉄道を全て開通させる資金が大幅に不足していた（当時の鉄道建設費は1キロメートル当たり約3万円）。そこで，民間資本を活用するという考えに至ったのであった。

一方，この時期には，全国の有力者から鉄道敷設の免許を求める出願が出されていた。そこで，政府は初めて私有鉄道敷設の免許を出したのであった。それを受け1881年（明治14年）に日本鉄道株式会社が設立された。初代社長には，政府の工務部と繋がりのあった吉井友美が就任した。

　日本鉄道株式会社は，民間単独の資本ではなかった。その理由として，仙台以北については，採算が悪いために，出資を募っても資金が集まらないと考えられたからであった。そこで，政府に対し援助を求め総額2000万円の資本金を集めた。日本鉄道は，政府が計画したが着工できなかった，東京から関東地方の北に向けての鉄道敷設（後の高崎線）を開始した。

　高崎線を開通させた日本鉄道は，同時に，都内にのちの山手線の一部となる鉄道も開通させた。この開通は，官営である東海道線と繋がる路線となった。

　高崎線の開通は，わが国の産業界にも影響を与えることになった。当時，わが国の重要な輸出品，絹の原料である生糸は主に上毛で生産されていたが，高崎線の開通により，貿易港の横浜と上毛の各地域が結ばれることになり，わが国の繊維産業の発展に大きく貢献するものとなった。日本鉄道は，さらに路線を福島県，宮城県へと鉄道を建設し東北本線の基礎を築き1891年（明治24年）には，上野と青森間を全通させている。

　日本鉄道の建設開通に対して全国の起業家や各地の有力者は，鉄道業に大きく関心を持つことになった。一方，当時兵部省（後の陸軍省，海軍省）もその必要性に注目するようになった。一時，兵部省は，西郷隆盛らが鉄道建設に強く反対していた。しかし，鉄道は，兵士や兵器の輸送に予想以上に力が発揮されることを知り，軍事的に大きな力になると考えるようになった。そのために，鉄道建設に賛成するようになったのであった。この兵部省の考え方の転換は，わが国の鉄道の発展に大きく影響することになる[2]。

　ところで，民間からの鉄道建設の免許を求める出願は1892年（明治25年）までには，43社を超えるほどになった。そのような鉄道建設ブームと呼ばれる状況が続くさなか1888年（明治21年）資本金1200万円で山陽鉄道，1887年（明治20年）資本金300万円で関西鉄道，同じ年には資本金750万円で九州

鉄道，が設立された。また，甲武鉄道，北海道炭鉱鉄道等も相次いで鉄道敷設の許可が下った。これらの鉄道は，わが国の重要幹線であり，後の，山陽本線，関西本線，鹿児島本線，中央本線，函館本線などのわが国の大幹線を形成して行った。しかし，相次ぐ鉄道の開通と利用の増加は，正比例しているものではなく，むしろ供給過剰とも言える状況であった。これらの問題は，後に行われる鉄道国有化の切っ掛けに繋がることになる[3]。

## 第2節　鉄道国有化から戦時下までの国鉄

### 1　鉄道国有化への流れ

　過剰とも言える私有鉄道の開通に対して，政府内で規制の必要性が叫ばれはじめた。そもそも，政府が鉄道建設に着手したのは，単に人の輸送や荷物の運送のために建設したわけではなく，明治政府の権力を象徴する一つの事業として行われたからであった。また，私有鉄道と官営鉄道の距離を比べると二倍近くも私有鉄道が上回っていた（鉄道国有化の年，明治39年でも官営鉄道の距離2,459kmで私鉄の半分程度であった）。また，私有鉄道は目立ったサービスを提供していた。しかし，当時の明治政府には，多くの鉄道建設計画があったが，鉄道建設の財源が少なく，私有鉄道を全面否定することが出来なかった。そこで，一定の歯止めとして，「鉄道施設法」が制定されたのであった。しかし，この政府の動きは，後に鉄道国有化へ向かう第一歩となった。

　1890年（明治23年）わが国が，本格的な不況に陥ることになった。この影響は，順調に距離を伸ばしてきた私有鉄道の多くは赤字経営に陥り，新線建設の計画中止や会社が解散する事例も発生し，鉄道業業界は混乱をしていた。ところで，1890年（明治23年）9月6日にそれまでの鉄道関係の監督官庁であった，政府の鉄道局は，内務省管轄となり鉄道庁と改称された。

　1891年（明治24年）12月17日，帝国議会に政府より鉄道公債法および「私設鉄道買収法案」が提出され本格的に審議されることになった。この法案は，不況で経営難の鉄道会社を国家が買収し，鉄道庁が運営するという内容で

あった。これまで，政府は，国と民間の手で全国に鉄道建設を行って来たが，鉄道会社の経営が危うくなるという事態に危機感を募らせた結果でもあった。そこで，私有鉄道に対する規制を設ける方針に転換したのであった。

　1892年（明治25年）6月21日「鉄道施設法」が公布され，同時に「鉄道会議規則」も公布されることになった。この法律のなかでは，「鉄道買収については必要に応じて」と述べられた程度であった。これはまだ，議員の中には，政府の鉄道買収に反対がする意見が根強くあったことに依るものであった[4]。政府の鉄道買収を本格化させる出来事が発生することになる。1904年（明治37年）に勃発した日露戦争は，わが国の鉄道に対する考え方を大きく転換する切っ掛けとなった。当時，多くの兵士を広島の駐屯地から，戦場である朝鮮半島や大陸へ大規模な兵員輸送に山陽鉄道が使われた。しかし，列車の運行および運賃，車両，乗員などに問題が発生した。また，私有の鉄道では，軍事機密の漏洩にも繋がる可能性があると軍部は政府に強く指摘した。これを受け，当時の桂内閣は，本格的な鉄道国有化を実施するために「鉄道国有の趣旨概要」ならびに「私鉄買収調査要綱」を策定することになった。この法案作成は桂内閣を総辞職に追い込む事態にもなった。鉄道国有化関連の法案は，その後の，西園寺内閣に引き継がれ成立することになった。

　私有鉄道を国家が買収する「鉄道国有化法」は，1906年（明治39年）3月28日第22回帝国議会において多くの反対を政府が押し切る形で可決成立した。「鉄道国有化法」の成立を受け，1906年（明治39年）5月24日に「臨時鉄道国有準備官制」を公布した。その後，私有鉄道の買収に本格的に着手することとなった。1907年（明治40年）10月1日には，日本鉄道や関西鉄道を含む全国17社の私有鉄道が買収され国有化となった。その費用は約1000億とも言われている。買収費は，公債で支払われることになった。ところで，当時の買収価格1000億と言う値段が高いものか安いものかは，不明であるが，この法案に反対した議員の意見として次のような指摘がされている。「買収前の北海道鉄道の株価が28円，七尾鉄道は僅か4円，関西鉄道でも42円に対して株の買い取り価格が50円というのは，暴利を株主に与えるのではないか」というものであった。確かに高い金額ではあるが，それでも鉄道建設を

最初から建設するよりも既に完成し営業している鉄道を手に入れるほうが価値が大きいとも考えられるのである。

　1907年（明治40年）3月12日「帝国鉄道庁官制」が公布された。1892年（明治25年）以来逓信省の外局とされた鉄道作業局はその年の4月1日付けで鉄道庁に格上げされた。これを機に官営の鉄道を「帝国鉄道」と呼ぶことになった。その英文表記を「Imperial Govermment Railway」とした。しかし，わずか2年足らずの1908年（明治41年）12月5日に再び組織が内閣総理大臣に直属する「鉄道院」に改められることになる。

　鉄道国有化により，北海道から九州までのほとんどの鉄道が国有となり，国鉄の母体が完成した。ところで，私有鉄道は，その後，軌道法による鉄道敷設を行うことにより，都市内での収益性が高く効率的な郊外電気鉄道として改めて発展していった。しかし，長距離の幹線鉄道を経営することや官営の路線と競合することは厳しく制限されることになった。一方，幹線鉄道を手に入れた政府は，地方のローカル線の建設を進め，全国の各地域へと線路網を形成していった。

　1914年（大正3年）12月18日東京中央停車場（東京駅）が完成した。東京駅建設の始まりは，1889年（明治22年）東京市区改正計画が発端であった。途中，日清戦争，日露戦争による工事を中断された経緯があった。尚，東京中央停車場完成と合わせて，郵便物を迅速に輸送する為に東京中央停車場と東京中央郵便局とを直接結ぶ地下鉄道を敷設した。これは，わが国，初の地下鉄道であった。また，東京中央停車場開業と合わせて，東京〜桜木町（横浜）間の鉄道電化が完成して電車の運転が開業された。しかし，当初はトラブル続きであった。これは，東京中央停車場の完成に合わせるため工事を急いだ結果だと言われている。これが京浜東北線の始まりであった[5]。

## 2　国鉄の体制強化と政治との関わりについて

　鉄道国有化以降，旅客輸送は，運賃が私鉄時代よりも引き下げられた。一方貨物輸送に対しては，運賃の賃率引下げ，発着手数料の運賃併合，貨物等級表の改正や，上野・青森間の冷蔵列車などが計画された。また，東海道本

線と山陽本線の新橋・下関間に速達貨物列車を設定し利用促進の対策も行われた。1909年（明治42年）10月12日には，線路名称の統一化を実施している。翌11月16日には，車両称号の統一化をおこなった。なぜ，このようなことを行ったかというと，鉄道国有化の時では，多くの私鉄の車両を管理するようになった鉄道庁であるが，形式が混合し複雑化しており，これを分かりやすく統一化するという目的であった。

　1911年（明治44年）以降，蒸気機関車を国内で設計製造することが計画され，初の国産蒸気機関車「8620型」，「9600型」が製造された。一方，わが国の鉄道で，最大の難所であった，信越本線（横川～軽井沢間）が1912年（大正元年）5月11日に電化された[6]。

　第一次世界大戦から現在の整備新幹線計画に至るまで，鉄道建設は政治家の「票田」として利用されやすいものであった。既に，1892年，「鉄道敷設法」審議の段階からこの問題は表面化していた。鉄道を誘致することが，沿線の商工業者や地主によって有利に働くことが認識されたからであった。特に，日露戦争後に政友会が，「全国鉄道建設及び改良に関する決議」を第26帝国議会1910年（明治43年）に提出したが，後に，首相となった原敬内閣は，都市との差が開いていく農村，漁村の振興策として，広域的地域開発の必要性があると説明している。この考え方自体，現代でも通じるものがあり，新幹線の整備計画と全く同じ思考であることが感じられる。このことは，後に詳しく述べるものとする[7]。

### 3　建主改従，改主建従論争と第二次大戦下の国鉄

　鉄道には，いくつかの規格がある。この規格とは，左右のレールの間隔である。世界で標準とされていた広軌（1,435ミリメートル）から比べるとわが国で初めて敷設された鉄道は，狭軌鉄道（1,067ミリメートル）とよばれている比較的小さな鉄道の規格であり，特殊なものであった。なぜ，このような鉄道を敷設しようとしたかについては，鉄道の建設の用地や費用などの問題があり，安く鉄道を敷設するために選択したと言われている。しかし，軌道間隔の狭い鉄道では，輸送力が小さくなるばかりか，鉄道の速度も標準軌道

に比べると劣っていた。余談となるが，なぜ，都市間の私鉄が標準軌道を多く採用したかは不明である。しかし，考えられることは，少ない車両で，より多くの乗客を輸送することを考慮したと考えられる。

改主建従計画とは，軌道を1,435ミリメートルに広げて，世界の標準軌道に直すことに加え，線路を上り線と下り線に分ける複線化を進めることも含まれていた。さらに，鉄道の電化を進めるという大規模な輸送力増強計画であった。一方，建主改従計画は，従来どおりに引き続き鉄道建設を続けるものであった。当時は，鉄道以外に利用できる交通機関がなかったことや，軍事，兵員輸送も考えれば，鉄道網の拡大はわが国の防衛政策上重要であったと考察できる。ところで，二つの計画を考えると，内閣の交代によって，政策方針は再三に渡り，変更が繰り返されていた。これは，いかに鉄道が政治と絡みやすいかということが伺われるのである。

当然，理想的な解決方法は，新線建設を進めながら既存の線路の改修を同時に行うことである。しかし，多額の費用が必要であったため不可能であった。この二つの鉄道に関する政策論争は，当時の政党「政友会」の鉄道網充実の方針にともない，「建主改従」論が優先されて行くことになり，政治で決着して行ったのであった。しかし，戦後設立される「日本国有鉄道」の無策ともいえる，新線計画に大きく影響を与えていた。そして，その法的根拠は1922年（大正11年）4月10日に施行された，「改正鉄道敷設法」であった。

鉄道に対する国の方針が「建主改従論」で推し進められることになっても，鉄道の技術官僚の中には，国内における鉄道技術向上を試みていた。たとえば，建築限界（鉄道車両が安全に構造物の間を通過できる間隔）に対しての最大幅を取った大型の車両の製作や車両の通過がスムーズにできるように鉄道際の構造物の幅寄せや駅の改良，さらに重い車両が通過できるように線路や橋梁の改良は勿論であるが，レールや枕木を丈夫なものに交換（重軌道化）することや，高速で走行するためにブレーキ性能を向上させるなどの技術的向上がなされた。また，列車運転の方法も変更された。当時は客貨物混合列車が主体であったものを，客車専用列車と貨物専用列車とに分離したことや，方向別運転など，現代により近い鉄道の運転を行うようになった。これらの

成果は，利用者の利便性の向上へと結びついていった。尚，このような改良は，1934年（昭和9年）12月1日に東海道線丹那トンネルが開通したことや，1944年（昭和19年）11月15日の関門トンネルの開通（1942年にトンネルの上り線は，貫通している）にも見えた。しかし，なぜ第二次大戦中にもかかわらず，関門トンネルのみが優先して完成出来たかというと，これには，陸軍の関与があったと言われている。

関門海峡を船に乗り換えずに九州に渡るという考え方は，陸軍にとっては重要な課題であった。それは，明治時代に勃発した日清戦争に原因があったと言われる。当時の陸軍の西日本での最大の補給基地は，宇品（当時の広島市）にあった。しかし，当時より朝鮮半島や中国に興味のあった陸軍としては，鉄道が西へと延ばされるに従い，大陸との接点が近い下関に補給基地を移転したかったといわれる。しかし，下関には，候補地が確保できなかった。そこで，基地を九州の小倉や門司に建設する計画が立てられた。しかし，本州と九州の間にある関門海峡を船に乗り換えることが難であったと言われている。そこで，海底隧道の建設が計画されたと言われている。一方，関門隧道の開通とともに，東京と九州をより早く結ぶ方法として東京・下関間に弾丸列車も計画された。この計画は，1964年（昭和39年）に開通した新幹線計画の土台となっていたことは広く知られている。

話は前後するが，鉄道技術の向上は軍事部以外の一般庶民にもその恩恵があり，鉄道の旅がより早く快適に便利になった。例えば，1930年（昭和5年）には，「燕（つばめ）」「桜」「富士」等の愛称の付いた優等列車が走り始めた。また，列車の速度も著しく向上し，当時としては最速の，東京～大阪間を8時間20分で走破している。その平均時速は68キロメートルであった。これは，従来の列車「第一列車，第二列車」から見ると2時間30分も短縮されていた。また，車両の付け替え（連結，解放）がスムーズに行えるように自動連結器への交換なども異例の速さで行われた。このときに国鉄の全車両（機関車3,000両，客車6,000両，貨車約6,000両）の連結器が一晩で一斉に取り替えられた，この作業に掛かった費用は総額約2500万円であった。

連結器の交換には，わが国の国鉄にとって多くの利点があった。そのひと

つは開業当時から使用しているフック式の連結器を利用すると，車両と車両の繋がる連結面が長くなるばかりでなく，連結作業時の係員が列車に挟まれ死亡する事故が度々発生していた。また，列車が勝手に切り離れる（列車分離事故）こともたびたび発生していた。そのために機関車の牽引力とは別に，連結車両数に制限が発生していた。これらの事故は，自動連結器に交換した後は，皆無となった。また，連結器の交換により列車の連結面が縮小され駅でのホームの有効長（列車の止まる範囲）が延びることになり，より多くの車両が連結できるようになり大きな成果を出した。尚，現代でもまだフック式の連結器が発展途上国や旧ソ連領内の鉄道では一部使われている。

一方，高速で列車を牽引できる大型特急用蒸気機関車「C51型」や「C53型」の国産機関車や当時としては画期的であった空気ブレーキの採用といった新技術の導入により狭軌でありながらも高性能な鉄道に向けた技術が導入されていった[8]。

太平洋戦争が始まる前年1940年（昭和15年）1月25日公布の「陸運統制令」により，国鉄では，旅客輸送の大幅な制限と軍事物資を輸送する貨物輸送の強化が実施された。翌1941（昭和16年）7月16日からは，三等寝台車，食堂車を大幅に廃止した。「陸運統制令」は国鉄以外の鉄道に対しても，地域的な合併や一部国鉄への吸収も実施された。この時代実施された私鉄の合併は，後のわが国における大手私鉄の基盤の形成とも繋がり，関西地区の大手私鉄である「近畿日本鉄道」（近鉄）や，中部地区の大手私鉄「名古屋鉄道」（名鉄）もこの時期に統合されたことが始まりであった。一方，関東では，鉄道国有化後発達した郊外電気鉄道が，「東京急行電鉄」一社に強制合併された。この状況を「大東急時代」とも表現されたことは有名である。

太平洋戦争が始まると国家の統制はさらに強まり，いわゆる戦時体制がとられた。鉄道も24時間体制となった。1943年（昭和18年）11月1日には，鉄道省と逓信省は，廃止統合され運輸通信省が新たに設置された。1944年（昭和19年）には，「決戦非常措置綱領」に基づき，4月1日より鉄道では，一等車，寝台車，食堂車等は完全廃止され，急行列車も大幅削減が行われた。また，政府は国民に対して不要不急の旅行を制限し，片道100キロメートルを

表1-1：歳入歳出決算表

(単位：千円)

| 年度 | 歳入合計 | 内,鉄道益金 | 歳出合計 | 内,臨時軍事費繰入分 |
|---|---|---|---|---|
| 昭和11年 | 173,352 | 145,462 | 165,693 | —— |
| 昭和12年 | 197,173 | 166,149 | 212,786 | 30,000 |
| 昭和13年 | 239,926 | 200,443 | 248,030 | 40,000 |
| 昭和14年 | 313,905 | 266,326 | 283,517 | 40,000 |
| 昭和15年 | 323,033 | 277,771 | 346,460 | 50,000 |
| 昭和16年 | 354,100 | 243,880 | 389,785 | 60,000 |
| 昭和17年 | 509,677 | 429,908 | 502,756 | 165,000 |
| 昭和18年 | 733,968 | 513,264 | 617,566 | 116,000 |
| 昭和19年 | 884,358 | 340,331 | 936,070 | 255,000 |
| 昭和20年 | 931,386 | 0 | 950,980 | —— |

出典　掲載資料　原田勝正『日本の国鉄』　p.110

越える移動については，警察官の発行する旅行説明書を提示しなければ，乗車券を発行しないことになった。

　国有鉄道は昭和12年以降臨時軍事費を拠出することになった。さらに加えて重なる国家からの旅行制限等の政策により，収入は減少していったと言われる。さらに，戦争が激しくなり鉄道員の多くが戦地に赴き労働力不足に陥った。また，極度の物資不足は，鉄道施設や車両の整備にも影響を及ぼした。本土爆撃が始まると，鉄道は空襲により罹災した。

　国鉄は，資材不足に対応するために，「戦時型」と言われる特有の技術が用いられるようになった。その一つとして，機関車は全ての部分が鋼鉄で作られていたが，「戦時型」では，主要なボイラー部分を除いて炭水車などの多くの部分を木製で作成した。また，蒸気機関車の心臓部とも言われる煙官も組み立てを簡素化し溶接もせずはめ込み式で造られた。この時代の機関車として「D52」型が有名である。しかし，安全性には欠け，度々ボイラー爆発事故を起こしている。また，線路も一部のローカル路線は，鉄のレールを取り外され木製レールに交換されたり，一部の私鉄は廃止にされた区間も発生した。

　貨物列車では，より多くの貨物を運ぶために規格を超えた重量（過積載）

が常に行われた。そのため，重過ぎる荷物を牽引する機関車は，性能が低下していたが一段と輸送能力が低下していった。

その後，本土決戦の為に輸送計画が立てられ，国鉄職員のほとんどが，戦闘隊に編入され，女性が車掌等の業務をこなすようにもなった[9]。

## 第3節　国鉄の戦後から新幹線開通まで

### 1　国鉄の新発足と戦後の復興

1945年（昭和20年）8月15日わが国は終戦を迎え，同年8月28日より，連合国軍（GHQ）による日本占領が開始され鉄道もその占領下におかれた。当時の国鉄は，先に述べたように，線路状態や施設は，戦時下の過剰輸送等で最悪の状態であった。このような状況により終戦間もない8月22日には，肥薩線でのトンネル内での事故，その2日後の24日には，八高線で列車正面衝突事故が発生している。2つの事故の共通点は，施設や列車の管理が行き届いていたならば，起こりえない事故であった。

敗戦後の国鉄の輸送状況は，戦場からの復員輸送や買い出し列車で大混雑であった。このような状況に対応するため1945年（昭和20年）9月3日に日本側は，運輸省に渉外室をおき，「渉外室鉄道部」が占領軍の鉄道輸送の折衝にあたることになった。

翌年7月以降には，運輸省鉄道総局長官のもとに鉄道渉外事務局をおき，横浜，京都，呉に地方部局を置き各鉄道部の渉外部を設けた。そして，占領軍の要求は，終戦事務局を通じて，鉄道輸送については，民間輸送局が設置され，占領政策の一環として，鉄道の組織，運営についての措置を行うこととなったために渉外組織の事務には，この民間運輸局との折衝も含まれる事になった。

しかし，占領軍による鉄道の使用は，国民の利用に供するという立場からみれば，対立した。もっとも，当時としては頼らなければならない交通機関であるにも拘らず，敗戦直後のあらゆる状況において満足出来るものではなかった。また，占領軍の輸送は，旧日本軍の兵員輸送，貨物輸送よりも過密

な状況となり，復興もままならぬ状態のまま輸送を続けた。当然，安全面にもそれが，危惧された。1946年（昭和21年）の2月4日の総武線,両国・錦糸町間の事故，さらに，2月23日の中央線，御茶ノ水駅付近の事故，6月4日の大久保・高田馬場間の転落事故というように事故が多発していた。このような事態に対して，国鉄は7月12日から緊急対策を講じ8月1日から間引き運転を実施した。また，不良車両の置き換え，検出，修理を実施した。そして，12月までに復旧させた。しかし，このような状況から立ち直りつつも1951年（昭和26年）4月24日の京浜東北線桜木町事故を防ぐことは出来なかった。

「桜木町事故の原因は，垂れ下がった架線に電車が突っ込み架線から直接高圧電流が流れそのとき発生した火花（スパーク）より火災が発生した。さらに被害を大きくしたのは,戦時設計の電車の為多くの部分が木製であったために，簡単に燃え上がり，さらに窓枠の細かい三段窓の客室であったために脱出も出来ず，死者105名，重軽傷者92名を出す大惨事となった。」

国鉄の整備不良ならびに安全点検の見落としによる戦後の混乱の中で喘ぎ続けた状態のもと幾つもの不幸な事故が発生した[10]。

ところで，占領下のわが国では，戦後の各改革が行われたことは広く知られているが，鉄道も一つの大きな転機を迎えることになる。1946年（昭和21年）11月3日に日本国憲法が公布され翌年の5月3日に施行された。わが国は新たな体制へと移行しはじめていた。それまで天皇の大権事項として帝国議会の関与を許されなかった省官制も，議院内閣制の下で法律によることとされた。

1947年（昭和22年）4月18日公布の「行政官庁法　法69号」更に国家行政組織法1948年（昭和23年）7月10日「公布法120号」がその基本法規となった。行政組織の変革は，国鉄の経営に影響を与えることになった。国鉄の経営については，三菱経済研究所等の民間機関から1945年（昭和20年）9月に払下げ論が提起されたこともあった。しかし，政府はこれに応じることはなかった。その代わり従来の特別会計制度を見直し，独立採算制を含む独自の経営原則を立て国鉄の経営に当たるという議論がなされたのであった。

1946年（昭和21年）6月これまでの鉄道会議官制を大幅に改正し，運輸大臣の諮問機関を立ち上げた。この諮問機関の構成員は官のみでなく民間有識者にまで広げたものであった。諮問機関で議論された内容は，鉄道経営の基本政策，運賃，その他，運送条件に関わる重要事項の諮問を受けて答申するものであった。

　1948年（昭和23年）1月同会議の「会計制度専門委員会」は，その二次答申で独立採算制の原則を採用する必要があるという内容の答申を行った。しかし，これとは別の動きで，赤字であった地方の自動車事業で独立採算制が施行され，1949年（昭和24年）4月1日より，全国の自動車事業が独立採算制となった。このような動きに対し，「GHQ」の民間運輸局は，従来の運輸省の鉄道，海運，自動車といった事務機関別分類の組織から，これら各部門に共通している運営，安全対策，規則といった業務機関別分類の組織への改編が必要であるとした。また，免許をはじめとする許認可事務の多い運輸省の行政組織自体を米国国内通商委員会のような組織に改めるのが適当とされたが，政府内部では，このような改編に抵抗を示す者が多かった。しかし，期日が迫った事により，暫定措置として，運輸省の組織をそのまま引き継がせるという形で民間運輸局の了解を「GHQ」にえることとなった。

　その後，運輸省内で，国有鉄道の組織をおくという政府のプランは，否定された。それを受けて，運輸省では，三つの改革案を提案した。最初に第一の案は，国務大臣を総裁とする鉄道総庁案，第二の案は，運輸大臣の監督下のもとでの国有鉄道公庁案，第三の案は，特別の管理機能をもつ独自の特殊法人である国有鉄道公社案であった。これらの案は，最終的に第三案に第二案の要素を付け加えた形をとった「国有鉄道公庁」の計画が認められた。

　これらの法案は1948年（昭和23年）9月から関連法案と共に立案に入り，11月10日閣議決定を経て，第3回国会に「日本国有鉄道案」として提出されたのであった。この法案が，国会を通過すると同年12月30日に公布され，翌年，4月1日から施行されることに決定していたのだが，「運輸省設置法」が民間運輸局と日本政府との間で，運輸大臣の取締り権限の内容について対立した為に遅れることになった。その為，「日本国有鉄道案」は国会提出に手

間取り，公布は，1949年（昭和24年）5月31日まで延期され，「日本国有鉄道法」の施行は，6月1日となった。この法律は，日本国有鉄道設置の目的を法律的に次のように示していた。

「国が，国有鉄道事業特別会計をもって経営している鉄道事業と，その他一切の事業を経営し，能率的な運営によりこれを発展せしめ，もって公共の福祉を増進すること」（1条）とし，この組織を「公法上の法人」（2条）と規定，そして，管理委員会を業務運営の指導統制の権限と責任を付与（10条）と規定した。同委員会は，総裁候補者を推薦する権限も与えられることになった。

尚，国鉄職員は，役員も含め国家公務員法の適用を受けず，「公共事業体労働関係法」の適用を受けることとなった。一方，国有鉄道の経営については，政府の強い監督を受け，営業路線の廃止や休止等については，運輸大臣の監督を受けることになった（同法53条）。また，必要に応じて運輸大臣は，国有鉄道に対して，命令を下す事が出来るようになった（同法54条）。

このようにして，国鉄は，公共事業体として発足することになった。しかし，問題点として，管理委員会による指導，統制が国民の意思をどこまで代表出来るかという点が問題となり，政府による財政上の監督と制限は，独立採算制にとって，将来の大きな阻害要因となる可能性をはらんでいた。また，運輸大臣の監督権限下におかれることが，国有鉄道自身の経営判断能力を欠く要素としても含んでいた。そのことは，国有鉄道の将来の経営に大きく影響することになった。政府の権限が強固なものであるべきとする動きが政府側にある以上，公共企業体の自主的な運営は常に，阻害される要因がある。国鉄は，公共企業としては不十分な権限のまま発足した[11]。

国鉄は，戦後の混乱から立ち直る為に旅客輸送の質的改善を中心として，施設の改良と復旧に力を注いでいた。そのような状況であったが，蒸気機関車で言えば，昭和22年～23年にかけて登場した「C61型」や，戦時下の物資不足の中製造した機関車の改造型として「C62形」，電気機関車は「EF15形式，EF58形式」が開発された。もともと電化計画は戦前よりあったが，送電施設が爆撃されたことを想定して軍部が強く反対したことにより首都圏や大阪圏の一部しか進めることができなかったが，戦後，幹線の電化は順に進んで

ゆくことになった。

　1949年（昭和24年）には，木造車の鋼体化が行われた．鉄道の開業当時の客車は，鉄の台枠の上に木材で小屋を建てるように製造されていた．しかし，脱線等の事故の際に車両が大破する事故が多発し多くの犠牲を出していた．国鉄では，約134億円の資金を投入し6年後の1955年（昭和30年）には，全ての車両の鋼体化を完了した．

　一方，輸送面では，昭和24年9月8日には，東京〜大阪を結ぶ特急列車が復活した．この特急は「へいわ」と名づけられた．正式な形での運行は9月15日からであった．また，11月2日から，全国の主要線区の急行列車や準急列車が大増発されることになった．さらに，1956年（昭和31年）11月19日に東海道本線（米原・京都間）の電化開業も完成し，ダイヤの大改正が行われた[12]．

　ところで，国鉄は全国に路線があるために，大都市から離れた地方ローカル線では，高度成長期の目前であっても，蒸気機関車が牽引する客車列車や貨物列車が活躍を続けている状況であった．

　戦前，大都市周辺のローカル路線では，戦前より内燃機関を利用したディーゼル機関車やガソリンエンジンの気動車も一部で活躍していた．しかし，ガソリンは引火性が強いため脱線転覆時に大火災となった．その事例として大阪の西成線（現桜島線）安治川口駅構内での脱線事故では，多くの死傷者を出した事で有名である．

　戦前の気動車は，自動車と同じくギアを変えながら走行するために，複数の車両を連結したときには，運転手が一両に一人ずつ必要であった．このため気動車での運転は，距離が短く一両単行で運行できるような閑散区間が中心であった．しかし，「トルクコンバータ」別名「液体変速機」の登場により複数の車両を先頭の一両が制御するいわゆる「総括制御」が可能になり，気動車の活躍範囲は広がることになった．また，気動車にとって重要なエンジンも長時間安定した性能を発揮するものが開発された．これらの技術開発によって，蒸気機関車に頼っていた地方ローカル線にも近代的な気動車（ディーゼルカー）が次々と投入されることになった．その成果として大都市から非

電化の地方の中心都市へ直通する列車が「気動車」になり，旅客輸送の向上と合わせて国鉄のエネルギー転換が進むこととなった。

このように国鉄では，戦後復興から次々と改良計画と技術開発を進めた結果，鉄道インフラの整備，速度の向上，安全性の向上，車両整備などが次々と進行していった。その結果の現れとして1950年（昭和25年）9月のダイヤ改正や，1961年（昭和36年），1968年（昭和43年）のダイヤ改正に反映された。

国鉄の改良の具体的な事例として，電化について考えると1946年（昭和21年）時点では，全営業線に対する電化の割合は，わずか6.3パーセントに過ぎなかった。その後，1956年（昭和31年）には10パーセント，1961年（昭和36年）には15パーセントと着実に伸ばされて行った。現在，民営化後の状況は各会社でバラツキはあるもののすべてを集めると約50パーセントを超える電化率に発展している。こういった電化率の向上の要因は，二つあり，そのひとつが交流電化方式の採用，そしてもうひとつが動力分散式の採用があげられる。

ここで交流電化について考察すると，1955年（昭和30年）8月に山形と仙台を結ぶ「仙山線」の交流電化開業からはじまり，東北本線の黒磯駅と青森駅間や，九州地区全線，北陸本線全線で次々と伸張されることになった。

なぜ交流電化を進めたかについては，地上設備が，節減出来る事があった。通常，直流電化方式の場合は4キロメートルから10キロメートル程度ごとに変電設備が必要となるが，交流電化の場合には，変電設備が少なくて済む利点がある。また，設備面が簡単であったために一気に普及するに至ったのであった。一方で車両の構造が複雑になり，車両の製造費用が直流用電車よりも高くなるという欠点があり交流で電化されても電車は投入されずに，電気機関車が客車を引く状況が長く続く事になった[13]。

ところで，戦前の買収私鉄の中でも，「阪和電鉄」（現在の阪和線）の阪和天王寺（現在の天王寺駅），東和歌山（現在のJR和歌山）間において，平均時速81.6キロの戦前の日本記録を誇っていた電気鉄道もあった。その記録からもデータを得たこともあり，長距離を高速で走行する電車を実現し大量輸送の向上に貢献したものであった。程なく長距離の特急，急行列車も電車に取

り替えられることになった。

一方，地方を結ぶ幹線の非電化区間に対して動力近代化が進められた。国鉄での蒸気機関車の新製は，1948年（昭和23年）以降新規製造が中止され，余剰貨物用の機関車を旅客用に転用することや改造することが中心となった[14]。

## 2 国鉄の高度成長期の改良計画

1956年（昭和31年）9月国鉄は，1957年（昭和32年）から1961年（昭和36年）に至る五ヶ年計画を策定した。動力近代化，車両更新などの資産の健全化に総額5,030億円の投資を計画した（後に5,970億に変更された）。これに，基づき幹線の複線化，電化等が実施されたが，使われた資金は，内部留保金，資金運用部特別会計からの長期借入金，鉄道債券に依存している状態であった。

五ヶ年計画を達成するため国鉄では，運賃や料金の値上げが画策されたが，その他の物価への影響，国民生活に対する圧迫という問題があると考えられた。また，設備投資の中には，施設改良工事の目的だけでなく，新線建設費も含まれているという問題もあった。新線建設の裏には1922年（大正11年）制定の「鉄道敷設法」が関係していた。そのため，政党や政治家の利権も絡んでいることより，新線の開業後の問題もあった。

国鉄の設備投資の問題については，独立採算制の原則に加え，政府の補助を必要とするが，新線建設の抑制措置も重要であったと感じられる。しかし，新線建設については，実際に運営する国鉄の主体的な計画や判断が抑制されるという矛盾点の多い結果が生じていた。この第一次五ヶ年計画の段階で後の「累積赤字」のはじまりが考察できるものとなった。

第一次五ヶ年計画は，1960年度（昭和35年）で中止された。中止の原因は，輸送力増強のためにより多くの投資が必要となったことが原因であった。このまま，資金をつぎ込むのは危険と判断されたからであった。しかし，高度経済成長に対応するためには，更なる投資が必要と判断され投資規模9,750億円にも上る第二次五ヶ年計画がその後実施された。

第二次五ヶ年計画は，幹線と大都市の通勤区域の輸送力増強とからなる輸

送の近代化の二本柱となった。また，都市に於ける鉄道の連続立体高架事業，踏切の警報機整備を実施するなどが盛り込まれた。しかし，1962年（昭和37年）3月に発生した「三河島事故」を教訓に生かし，車内警報装置の整備ならびに警報と同時に制御可能な自動停止装置の整備が要求されるようになった。また，鉄道改良工事の資材費，人件費，用地買収費などが高騰し，第二次五ヶ年計画の当初予算では，計画が実現しない実態が判明した。そこで，1962年（昭和37年）7月に計画を修正し，予算も1兆2,441億円に増額されることになった。

ところが，翌年1963年（昭和38年）には，東海道新幹線工事費の不足が明らかになり，この分を補正し5月に1兆3,441億円の二度目の修正となった。この原因は資材，用地費がさらに上昇したためであり，高度経済成長期の事業推進の困難さが考察できる。当時，マスコミ等は，国鉄の事業計画の見通しの甘さが感じられると厳しい見解で報道されている。特に批判されたことは，「新幹線を優先している」という狭い了見での意見であった。その結果，責任を負う形で十河総裁の辞任という結末を迎えることになった。

第二次五ヶ年計画を考察すると，事業遂行に必要な人件費と物価の上昇が主な原因であった。しかし，なぜこのような計画を立てたかと言うと，国鉄の自主的な対応に制約があることが国民に露呈される結果となったとしか言いようがないのである[15]。

ところで，第二次五ヶ年計画を修正させた原因の一つの東海道新幹線であるがここで少し述べておくことにする。

東海道本線の輸送力強化の問題は，敗戦直後から明らかとなっていた。その間に民間資本による新幹線会社も計画されたこともあった。1956年（昭和31年）5月「東海道線増強調査会」が設置された。

その当時，ヨーロッパでは，フランス国鉄が高速試験で時速331キロメートルを記録する高速鉄道の試験を行っていた。わが国でも1957年（昭和32年）5月27「鉄道技術研究所」は，公開講演会を開き「東京大阪間を鉄道で最高時速250キロメートルで運転し約3時間で結ぶ鉄道の可能性が発表された」。同年，7月29日国鉄に「幹線調査会」が設置され，運輸大臣の諮問に基づき

審議が開始された。

　1958年（昭和33年）7月7日には，同会は，運輸大臣に「広軌別線案」を提出した。当時はすでに道路網の整備と自動車の普及が進み，すでに「鉄道斜陽論」までがではじめていた。そのさなかに高速鉄道の建設は，新しい輸送の地位を確立するものとして期待される意見も多かった。1959年（昭和34年）3月31日第31回国会で予算は承認され，4月20日に新丹那トンネルの東京口で起工式が挙行された。

　新幹線建設は，「夢の超特急」というキャッチフレーズがつけられた。新幹線建設は，多くの新技術によって完成されることになった。新幹線に利用する車両は，動力分散方式の電車とし全ての車両を電動車とした。

　ところで，海外では高速列車でも，動力集中方式が多くとられていた。つまり，電車と言っても機関車に当たる車両があり，後は動力を持たないトレーラー（付随車）でユニットを組んで連結していた。わが国では国土が地質的に地盤が弱いため，高速で高出力な機関車を走らせるためには相当の粘着力が必要であるから，かなり重い機関車が必要であったと考えると，わが国には向かないと判断され電車方式の完全な動力分散と決定されたのであった。新幹線は，電車方式や自動列車制御方式（ATC）と路線上にある列車を遠隔操作する列車集中制御装置（CTC）の組合せという速度制御信号装置の採用と車上信号化などの新技術を織り込んだ鉄道制御の最新方式が取り入れられた。

　土木技術においては，戦前の「弾丸列車」計画時の仕様を根本的に再度構築し直し，線路も長尺レール（ロングレール）を採用した。車両設備に関しては，1950年代当時成立していた最高峰の技術が導入された。

　ところで，東海道本線は，当時の国鉄全営業距離の3パーセントに過ぎないものであるが，しかし，国鉄の輸送量全体で見ると旅客については25パーセント，貨物についても24パーセントつまり全体の約4分の1を輸送している状況であった。そのため新幹線の必要性を物語っているように感じる。

　東海道新幹線は，1964年（昭和39年）10月1日，東京オリンピックの開催直前に開業した。当初，速達列車タイプの「ひかり」と，各駅停車のタイプ

の「こだま」の二種類が設定された。「ひかり」は東京～大阪間を4時間で走行し停車駅も少なくされていた。一方、「こだま」は各駅に停車しながらも5時間で東京・大阪間を走行した。尚、新幹線の駅は、主要な都市に一つ（車両基地等がある場合は例外）であった。翌1965年（昭和40年）、盛土等の路盤が安定することを確認した後、新幹線は本格的な速度で走り始め「ひかり」は東京と新大阪の間を3時間10分、「こだま」4時間とされた。これにより、新幹線は計画時の目的にほぼ近い3時間台を実現した。この運転ダイヤは1985年（昭和60年）まで続けられ、国鉄のシンボルとして高速でありながらも死亡事故ゼロの走行を国鉄最後の日まで続けている。ところで、新幹線にはもう一つの計画があった。それは高速貨物計画であった。新幹線を利用して時速200キロメートルで運行する計画であった。しかし、旅客ダイヤの過密化やターミナル需要そして運行車両の開発さらに在来線への積み替えの面から検討課題が多かったが、新幹線は旅客専用と言う概念がいつの間にか生まれその計画は実施されることはなかった。もし、この計画が行われていたら、鉄道貨物輸送は大きく変わっていたとも考察できる。今後、リニア新幹線等が開通後、新幹線の有効利用として再度検討の余地があろう[16]。

## 第4節　東海道新幹線開通後から国鉄崩壊まで

### 1　改革の失敗と累積する債務

　東海道新幹線の開通により、鉄道の地位はかろうじて復権できた様に思えたが、現実的には、高速道路の建設や一般国道の舗装整備、高規格化も一段と進んで行った。これは鉄道と違い「道路特定財源」を中心に道路整備の費用は安定して確保されていたことは広く知られている。わが国では、モータリゼーションへの素地が形成されていくことになった。新幹線は、大量高速輸送を実現するという鉄道の役割をみなおすきっかけとなったが、鉄道輸送全体に於ける位置づけも不明確になり、第二次五ヶ年計画は、再び修正を迫られる事となったことは先述しているとおりである。そして、この年国鉄は、単年度決算で300億の赤字を計上することになった。1966年（昭和41年）度

には，ついに累積赤字へと転落，1971年（昭和46年）度には償却前赤字にまで転落して行くことになった。当然，この時点で民間企業なら破産状態である[17]。

　1968年（昭和43年）10月1日国鉄は，4度目の白紙ダイヤ改正を実行した。この改正は，第三次輸送計画前半期の成果を盛り込んだものであった。この年までに，1兆4,152億を投入し，函館，東北，上越，信越，鹿児島，日豊，中央，北陸線の複線化が進み4,600キロメートルの複線化が完成していた。その割合は，全体の22パーセントにも及び，電化も5,418キロメートルとなり，国鉄全線の26パーセントであった。

　ATS（列車自動停止装置）も1965年（昭和40年）中に全線に投入が完了した。また，東北本線や山陽本線，北陸本線などでは，最高時速120キロメートルの運転が可能になった。踏切，橋梁，トンネル，防雪設備が進み車両も電気機関車97両，ディーゼル機関車179両，電車747両，ディーゼル気動車166両，客車109両，貨車8,955両が新製され，輸送体制を整えた。

　ところで，その頃には国鉄の債務は，既に1兆を超えるものとなり，政府出資や財政投融資の借入れの増額や市町村納付金の減免を要請した。国鉄は，4,000億円を要求したが，政府出資40億円のみが認められるに過ぎなかった。このように，計画は国鉄財政に大きな負担になっていった。このダイヤ改正の画期的な点は，電化，気動車化の伸展による動力近代化と都市間輸送に於ける到達時分の短縮，上野・青森間で特急の8時間30分の運転を実施し，上野・仙台間，上野・新潟間では，4時間で東京と結ばれた。また，大阪・青森間は，22時間4分掛かっていたが16時間20分になり，5時間44分の短縮を実施した。これらの速度向上，到達時分の短縮は，ビジネス客のビジネス時間を多く確保することが出来るようになった。

　貨物についても，二軸貨車の台車懸架装置の改良により，貨物列車の速度向上が，実現出来た。これが，旅客列車までに影響し，夜行急行列車が速度向上を可能とした副産物も生まれた。また，地域間急行貨物列車や，時速100キロメートルの運転や特急貨物列車，時速85キロメートルの急行貨物も増便され，高速列車による輸送体系が整い，東京・北海道間21時間，大阪・

北海道間35時間と短縮した列車が登場した。

　この改正は，1950年代後半から始まった十数年に渡る改良の成果であった。しかし，財政が悪化し，加えて，モータリゼーション，地方空港の開設による国内航空の普及による利用の後退現象が現れつつあった。改良の成果が，そのまま経営悪化の危機に繋がっていった[18]。

　1969年（昭和44年）4月25日に東海道新幹線を中心としたダイヤ改正を実施した。この改正で，新たに静岡県内に三島駅が完成し「こだま」が全列車停車することとなった。そのため，新大阪までの到着時間が，4時間10分となった。この年の5月10日に旅客運賃を13.3パーセントの値上げを伴う大幅な運賃と料金を改定した。また，明治以来続いていた等級運賃制を全面的に廃止し，モノクラス制へと移行した。その理由として，高度成長の結果，所得格差の幅が小さくなり，国内航空や自動車の伸展が著しくなったことに加え，空席の目立つ「1等車」を有効利用させ増収をはかろうとしたのである。現在のグリーン車が登場したのも，この改定より登場した。

　この頃の国鉄は，「第三次五ヶ年計画」が破綻し，「財政再建の十ヶ年計画」が始まろうとしていた。運賃の値上げをしても運賃収入が見込めないという事実が，国内輸送情勢の変化というが形で現れていた。国鉄の赤字は，いわゆる雪だるま式に膨れ上がり，その主な原因は利子の支払による長期債務であった。

　1969年（昭和44年）5月9日には「国鉄財政再建特別措置法」が制定され，十年後の黒字化を目指すこととした。しかしその目標は，実現出来ぬままに終わった。翌，1970年（昭和45年）には，「万国博覧会」が開催された。全入場者数延べ6,421万8,770人を数えた，国を挙げた大プロジェクトであった。国鉄は，今までの赤字を一挙に解消しようと臨時列車等を大量に走らせたが，収入はそこまでには届かなかった。ところで，万国博覧会の観客輸送のために1970年（昭和45年）3月1日のダイヤ改正で，それまで全車指定席の新幹線「ひかり」に自由席が設けられた。尚，新幹線は，7月2日には，開業以来3億人の輸送を達成した。「万国博覧会」のおかげで，国鉄は2,200万人を輸送した。これは，「万国博覧会」入場者数の34パーセントにも匹敵した。

その年の秋のダイヤ改正で，鹿児島本線，呉線の電化が完成し，総延長 6,010 キロメートルまで電化距離を延ばした。これで，青森から鹿児島に至る 2,258 キロメートルの日本縦貫電化が実現された。少し遡るが，2 月 10 日に山陽新幹線岡山・博多間が着工された。この年の秋のダイヤ改正と同時に 10 月 1 日から「ディスカバージャパン」キャンペーンも展開された。この国民に旅行意欲を喚起させ，増収に結びつけようとする戦略は，国鉄の充実した姿をアピールするにも好都合でもあった。キャンペーンは大成功を収め，黒字とまではいかなかったものの旅客営業最盛期へと向かっていった[19]。

## 2　運賃値上げの悪循環と国鉄解体の始まり

1972 年（昭和 47 年）は明治 5 年の開業以来から数えた「鉄道百年」の節目の年を迎えた。この年の 3 月 15 日に山陽新幹線新大阪・岡山間が開業した。これにより山陽本線は新幹線接続列車の輸送体制に変更されたが，関西からの乗車のため，新大阪，大阪接続の昼行特急も博多開業までの間相当数が存続された。また，新幹線「ひかり」号は「超特急」から「特急」に変更された。これは，新大阪・岡山間の新幹線の運転本数や利用状況の予測により，「ひかり」の各駅停車型列車が設定されたからであった。

このダイヤ改正により，脚光をあびたのが倉敷から山陰本線の米子近くの伯耆大山を結ぶ伯備線である。岡山まで新幹線が延長した結果，山陰地方の乗客がこの伯備線に集中されることになった。

一方，四国方面の連絡も強化される結果となった。その一つとして四国に初の特急列車が登場したことや，宇高連絡船航路にホバークラフトが就航し，宇野・高松間を 23 分で航行した。その他としては，東北，上信越方面の特急列車も増発されることになった。5 月 5 日には，羽越本線（新津・秋田間），白新線の電化が完成し，いわゆる「日本海縦貫線」米原・青森間 933 キロメートルの全線の電化が達成された。

10 月 14 日には，百年記念式典が行われた。その前には，10 月 10 日には，京都府の「梅小路蒸気機関車館」がオープンした。

1973 年（昭和 48 年）には，2 月 8 日に始まった「スト権スト」のために国電

の運休，遅延が慢性化するようになった。そういう相次ぐ遵法闘争に腹を据えかねた通勤客の不満が爆発した。その年の3月13日に発生した高崎線上尾駅で発生した「上尾事件」がそれであった。この原因には，相次ぐストライキだけではなく，高崎線の輸送体制にも原因があるとされた。当時のダイヤは，通勤列車に加え，上信越方面の特急，急行列車が割り込み，窮屈な体制であり，特に雪の降る頃には列車の遅れは日常茶飯時となっていて，通勤者のイライラを生みついにこの悲劇に至ったのであった。ところで4月24日には，新宿，上野，大宮で同種の事件も発生した。国鉄の春闘の真只中で起こったこれらの事件は，国鉄に対する国民の怒りが極限にまで達したという事を表している。そして，1969年（昭和44年）度からスタートした「財政再建十ヵ年計画」も結果的に破綻に至った。相次ぐ合理化の失敗とストライキによる貨物輸送の落ち込みが国鉄をさらに追い込む結果とつながっていった。

　一方，投資そのものにも問題があった訳であり，新「財政再建十ヵ年計画」がスタートし，黒字化の目標は昭和57年度までに延長された。そんな中「日本列島改造ブーム」の追い風もあり国鉄の関連投資は10兆5,000億という巨額に膨れ上がっていた[20]。

　1975年（昭和50年）3月10日に「ひかりは，西へ」というキャッチフレーズのもとついに九州博多駅が開業した。総工費7,182億円と5年の歳月を費やした。この開業により，最速で東京駅から博多駅までが6時間56分で結ばれた。一方，この年の11月20日に特急券，急行券，グリーン券寝台券が32.2パーセントもの料金値上げが実施された。運賃の値上げは，国会の承認が必要であったが，料金の改定は運輸大臣の認可だけで，実施出来ることにより，単独値上げしたものであった。また，11月26日には，スト権ストが行われ，8日間192時間に及ぶストライキをおこなった。この間，国鉄線は，完全にストップし，国民の国鉄に対する信用を大きく失うことになった。このストは，更なる落ち込みに拍車が掛かった。貨物輸送にいたっては，これを期に完全に自動車輸送に切り替えた荷主も多かった。勿論，旅客に至っても，信頼を失った。その代償は余りにも大きいと言わざるを得ない[21]。

　1976年（昭和51年）11月6日再び運賃が値上げされた。今度は運賃，料金

とも50パーセントの値上げであった。これは，戦後のインフレ期を除けば，前代未聞であった。先に述べた特急，急行，寝台，グリーン料金にいたっては，1年足らずの間で2倍にも上昇したことになった。これは，国内航空を利用するよりも高くなった。その結果，急激に国鉄離れが進み（航空会社各社は，大いに喜んだ），結局，翌年の1977年（昭和52年）3月までの旅客輸送人員は，対前年度比17パーセントの減少という結果となった。この状況に慌てた国鉄は，A寝台，グリーン料金の30パーセント値下げを発表したが，最早，焼け石に水の状態であり，取り返しのつかない事態となった。もっとも，国会の関係で，運賃が据え置かれ，財政を値上げによって一気に取り戻そうとした為であり，国鉄だけに責任を求めるというのも酷な話である。

1977年（昭和52年）12月9日に国会で，「国鉄運賃法，及日本国有鉄道法の一部を改正する法律」が成立，翌53年3月31日から施行された。これにより，国鉄運賃の法規制が緩和され，料金と同様，運輸大臣の認可のみで，運賃も改定出来るようになった。漸く，運賃面でも自主的な権限が与えられた。しかし，野党の壁がなくなった為，毎年に渡る値上げの要求が，大蔵省筋からあがるようになったのもこの頃からであった[22]。

## 3　政府による国鉄改革の開始と鉄道の地方格差の始まり

1978年（昭和53年）10月2日改正は，全国規模のダイヤ改正が行われた。そのダイヤ改正から貨物列車が大削減された。

11月3日からは，前年1月6日から始まった「一枚のキップから」のキャンペーンが不評に終わり，それに代わり新キャンペーン「いい日旅立ち」がスタートした。

1979年（昭和54年）1月24日に運輸大臣の諮問機関であった，「運輸政策審議会国鉄地方交通線問題小委員会」が赤字ローカル線約5,000キロを廃止し，自動車輸送（バスへ転換）に転換すべきという結論を纏め上げ運輸大臣に提出した。失敗に終わった嘗ての「赤字83線」の例もあったが，この問題も漸く解決する機運となった。

その年の8月11日には，山口線（小郡～津和野間）で蒸気機関車の復活運

転を行った。この運転は民営化後も西日本旅客鉄道に引き継がれている[23]。

　1980年（昭和55年）には，東海道，山陽本線（草津，姫路間）に「新快速」の新形式の電車117系近郊型直流電車が投入された。「新快速」とは「快速」の上をいく速達列車という意味合いで昭和45年10月から運行され始めた。その後，昭和47年3月山陽新幹線岡山開業時に余剰となった急行型153系が転用された。しかし，並行する阪急電鉄や京阪電鉄に比べて車両が見劣りしていた。国鉄大阪鉄道管理局が国鉄本社に陳情し漸く実現した。その後この列車は，シティーライナーと名づけられ（この愛称は定着しなかった）ライバル私鉄相手に競争を繰り広げることになった。国鉄大阪鉄道管理局の動きに対して，東海地区で名古屋鉄道を相手に苦戦している国鉄名古屋鉄道管理局にも同形式の電車を中京方面でも，配備されることになった。これは，後に，国鉄分割民営化後の発展に大きく貢献することになり，ライバル私鉄に匹敵するくらい，区間によってはシェアを逆転させることにもなった。この年にもダイヤ改正が10月1日に全国規模で行われた。国鉄のダイヤ改正の中でもこの改正は，国鉄のおかれた現状を物語る内容であった。この改正よりついに，旅客列車も減便されることになった。その総運転距離は3万キロメートル分にも達する距離であった。

　国鉄は，度重なる運賃料金の値上げ，累積赤字の棚上げ，債務の利子払い補助などの措置を講じても，ほとんど実績を上げられず，一刻も早い根本的解決が求められることになった。

　2月20日に「日本国有鉄道経営再促進特別措置法案」（国鉄再建法）が国会に上程されたが，審議は揉め11月28日に法案が成立し12月28日に「法律第111号」として，公布，即日施行された。その内容は，昭和60年度までに国鉄経営の健全性を確保する為の基盤を確立し，引き続き速やかに事業収支の均衡をはかることを目的とするものであった。そこで，輸送密度の低いローカル線の廃止を強制力のある法の力によって推し進めることにあった。この法律で規定した「地方交通線」とは，運営改善の為に適切な措置を講じても収支の均衡の確保が困難な路線とし，さらに，バスによる輸送にする方が，適当として運輸大臣が承認した路線を「特定地方交通線」と指定することに

# 御茶の水書房

**本山美彦著**
## 韓国併合――神々の争いに敗れた「日本的精神」
日本ナショナリズム批判。「危機」に乗じたナショナリストの「日本的精神」の称揚を追究
四二〇〇円

**洪 紹洋著**
## 台湾造船公司の研究
――植民地工業化と技術移転（一九一九―一九七七）
日本統治時代の台湾船渠との継承関係と、戦後の技術移転の分析
八四〇〇円

**三谷 孝編**
## 中国内陸における農村変革と地域社会
――山西省臨汾市近郊農村の変容
日中戦争以前から農民たちが見つめてきた中央政治とは
六九三〇円

**横関 至著**
## 農民運動指導者の戦中・戦後
――杉山元治郎・平野力三と労農派
農民運動労農派の実戦部隊・指導部としての実態を解明
八八二〇円

**上条 勇著**
## ルドルフ・ヒルファディング
――帝国主義論から現代資本主義論へ
二〇世紀前半に活躍したマルクス主義理論研究家にして社会民主主義の政治家ヒルファディングの生涯と思想・研究史
六七二〇円

**鎌田とし子著**
## 「貧困」の社会学
――重化学工業都市における労働者階級の状態 III
経済学の階級・階層理論と社会学の家族理論のつながり
九〇三〇円

**小林 勝訳**
ローザ・ルクセンブルク著『ローザ・ルクセンブルク選集』編集委員会編
## 【第一巻】資本蓄積論【第一分冊・第一篇 再生産の問題】
「ローザ・ルクセンブルク経済論集」
――帝国主義の経済的説明への一つの寄与
三九九〇円

**バーバラ・スキルムント・小林 勝訳**
## 【第三巻】ポーランドの産業的発展
四七二五円

ホームページ　http://www.ochanomizushobo.co.jp/
〒113-0033　東京都文京区本郷5-30-20　TEL03-5684-0751

# 御茶の水書房

**清水 敦・櫻井 毅 編著**
## ヴィクトリア時代における フェミニズムの勃興と経済学
フェミニズムの関わりから ヴィクトリア時代の経済学を検証

四七二五円

**小林 勝 編集責任**
## ローザ・ルクセンブルク全集 第一巻
一八九二―一八九六年七月までの ローザの論考を収録

一二六〇〇円

**北原糸子著**
## メディア環境の近代化
――災害写真を中心に――
明治中期、映像で災害をとらえる時代が開かれていた!

一〇五〇円

**神奈川大学アジア問題研究所編**
## 東アジアの地域協力と秩序再編
日中韓の研究者による 東アジアの現状分析と展望

四二〇〇円

**東郷和彦・朴 勝俊 編著**
## 鏡の中の自己認識
知識人による日韓の未来を展望する 歴史・文化のシンポジウム論集

四三〇〇円

**大橋史恵著**
## 現代中国の移住家事労働者
――農村・都市関係と再生産労働の ジェンダー・ポリティクス
第31回山川菊栄賞受賞! 都市に生きる農村出身女性たち

八一九〇円

ホームページ http://www.ochanomizushobo.co.jp/
〒113-0033 東京都文京区本郷5-30-20 TEL03-5684-0751

なった。実際には，各線ごとに対策協議会を開き，代替輸送等を含めて，地元自治体が廃止に同意した場合，1キロメートルあたり3,000万円の転換交付金を国から地方自治体に支払われることになった，更に代替輸送として，自治体等が第三セクター方式で鉄道を存続する場合に線路の無償貸付け等の優遇措置も同意された。しかし，2年経っても地元が廃止に同意しない場合は，国鉄独自に廃止申請できることになった。以前国鉄が指定した「赤字83線」より厳しく路線廃止を地方自治体に突きつけることになった。

一方，日本鉄道建設公団（鉄建公団）が建設中のローカル新線の工事も凍結されることになった。さらに，1981年（昭和56年）には，「国鉄再建法」を受け3月11日に政令25号「日本国有鉄道再建措置法施行令」が公布され即日施行された。これにより，「地方交通線」「特定地方交通線」を指定する明確な基準が具体的に示された。

国鉄では，全営業線245線を（新幹線を除く）路線ごとに昭和52年，昭和54年の3年間に於ける1人1キロメートルあたりの旅客輸送人員を基準に廃止対象路線を選別した。その際二重戸籍区間を解消し，貨物支線区間が明確化された。二重戸籍区間とは，建設時の事情によりひとつの区間に二つの路線が存在するように都合上したものであり国鉄の路線ごとの成績を明確にすることを困難にしていた原因の一つでもあった。

国鉄では，旅客輸送密度が一日あたり8,000人未満の営業線175線，1万160.3キロメートルを「地方交通線」と指定し運輸大臣の承認を受け，その中から，特に営業成績の悪い路線に対して1983年（昭和58年）度までの廃止を目標とした。その路線は，全国で40線，729.1キロにも及ぶものであったが，それら全てが政令に定められ，同年の9月18日に承認された。その後，廃止に向けて地元との協議会が全国各地で開かれることになった。

さらに政府は「1次」答申で指定されなかった赤字ローカル線に対しても，「2次」として指定をするように国鉄に求めた。これに対しては，関係する自治体等の強い抵抗があり難航した。そのことにより「第3次」の協議開始が遅れることになった。全ての「特定地方交通線」の廃止が完了したのは，国鉄の分割民営化後の1990年（平成2年）であった。

この「国鉄再建法」を基に，5月21日に国鉄から「経営改善計画」を発表した。これにより昭和60年度までに職員7万5千を人削減し，貨物取り扱いの大幅削減，特定地方交通線廃止を柱とした経営を政府と約束した。
　1980年（昭和55年）度結果では，単年度の純利益が1兆84億円を計上した。累積債務も14兆3,992億円になっていた。以上のような背景から，3月16日に「第2次臨時行政委員会」が発足した（会長の名を取り，通称「土光」臨調と言われる）。その幹部会が3公社（国鉄，電電公社，専売公社），5現業，特殊法人のあり方，経営形態の見直し，事業の合理化の審議を行い，その中心に据えられたのが，国鉄問題であった。7月に出された第一次答申の中身は国鉄民営化等三公社の民営化を骨子としたものであった。このように，国鉄解体の序章となった[24]。

## 4　中曽根内閣の下での国鉄改革

　その後国鉄は合理化を試みるがどれも失敗に終わった。そして最終的に国鉄の赤字は10兆円台に達した。この間赤字ローカル線の廃止そのほか合理化，効率化は進行したが決定的な解決策にはならなかった。既に運賃も民間鉄道よりも二倍近くとなり首都圏においても競争力を明らかに失っていた。
　中曽根内閣のもと，国鉄再建委員会は国鉄の分割民営化案を提案する事になった。当時，国鉄は毎年多くの資金を必要とするものになり国家財政にとっても問題になりつつあった。そこで，国鉄を抜本的に改革する必要がありその手段として民営化の方針を打ち立てることになった。しかし，それより5年遡る1981年（昭和56年）第2次臨調でこれに似た意見が出されていたが，奇しくも衆議院が解散となった。その際に国鉄をどう民営化するかの手段を策案することとなり多くの意見が出された。その中で，全国一社にする案もあったが，地域的特質を考慮すると分割して民営化する方が得策であるということになった。改革案は，分割民営化の方向へと進むこととなり，どのような分割を行うのかと言う事が次の焦点となった。案の中には全国の電力会社の範囲を目処に分割するものや本州を一つの会社にするなどさまざまな案があったが，最終的に本州を三つの会社に分割し，そして北海道，九州，四

国をそれぞれ独立会社として，貨物会社のみを全国一社とすることで決着した。その折東海道新幹線をどのように分割するかそれは大きな話題になったが，結局東海道新幹線は東海会社（東海旅客鉄道株式会社）が運営することになったが，収益性が最も高い路線であったのでその後の調整には各社の思惑が入り乱れ難航する結果となった。

1986年（昭和61年）10月24日自民党，公明党，民社党の賛成多数により国鉄改革関連法案が一括採決され4日後の28日可決成立する運びとなった。その後法案は参議院に送られ11月28日成立する事になり，そこで一世紀に渡る国鉄の歴史は閉じられる事となった。そして，残務処理として国鉄清算事業団が設置される事となった。

1986年（昭和61年）12月16日閣議決定による基本計画に基づき運輸大臣は国鉄に対して継承法人ごとに事業の引継ぎ及び権利義務の承継に関する実施計画を作成することを指示した。この計画書は膨大な量となるが，この実施計画に基づき運輸大臣に申請する運びとなった。その計画内容の中には1987年4月1日をもって民営化すると期日も明記された。日本国有鉄道は，分割民営化により解体されることになった[25]。

### 小括

その後，鉄道は大きく変貌する事となった。分割された各会社の株式は，将来的には国鉄精算事業団から完全に民間に売却し最終的には完全民営化を目指すとされた。また，三島会社（北海道旅客鉄道株式会社，四国旅客鉄道株式会社，九州旅客鉄道株式会社）となった民間会社には，経営安定基金をもたせて決着することになったが株式の民間への売却は見送られている。その後，90年代前半のバブル経済により鉄道経営は一時的に安定したかに見えたが，バブル経済の崩壊後，乗客の減少と低金利政策のあおりを受け本州会社とは別の運賃体系をとることとなった。また，本州会社の中にも先にも述べたように，赤字線を廃止するという形が取られ始めた。また，国鉄時代独立した赤字ローカル線も第三セクター鉄道として独立しても経営が成り立たない会社が多くなり廃止が相次いでいる。しかし，赤字ローカル線のみが

国鉄の赤字の原因であるのかと考えると一概には決して言えないように感じる。章内でも述べたことだが，貨物輸送の赤字が大きかったことも指摘できる。しかし，この貨物輸送に対しても新幹線貨物など先進的な方法が取り入れられたとは言いがたくヤードなどの古い設備改善も遅れていた。また貨物輸送が窮地に陥った理由については，相次ぐストライキで信頼を大きく失ったことは間違いない。一方，東海道新幹線の開通で国民が夢見た地方は，経済の発展を引き入れるために各地で大規模な新幹線誘致運動を行ったが，在来線やローカル線も鉄道のネットワークとして大切な働きがあることも忘れられているように感じる。

ところで，幹線のみにしか鉄道がなければ，一見合理的に感じる点もあるが，幹線単独では，特殊な新幹線以外の鉄道は，結局モータリゼーションに負けてゆくように感じられる。自動車の場合は，戸口から戸口まで移動するためのネットワークが不要であるからである。また，わが国の国鉄改革としてもう一つ注目すべき点は，公共交通の規制緩和も大きく影響しているように感じる。特に国鉄時代末期の「特定地方交通線」の強制的な廃止については，その後，90年代半ばから始まる公共交通の規制緩和の中で撤退の自由に繋がるものがあり，公共交通の空白地帯の発生に繋がっているように感じられる。

国鉄の存在は，政治的問題も含め，わが国の公共交通の方針の象徴であったように感じられる。しかし，国鉄が一般の民営鉄道と同じ土俵に立つことは，公共交通にとっては，大きな規制の壁が崩れ去ったと感じられることである。しかし，このような規制緩和は，本当に国民にとって必要であった否かは現時点で判断する事は，時期尚早であると感じる。ただ，わが国の公共交通は，これから必要な国民のニーズに無理なくどう応えて行けるかが今後の課題と感じる。

ところで国有鉄道の民営化はわが国同様に90年代に着手されている。例えばドイツの例では，わが国と違い鉄道資産は国家が所有し鉄道の管理運営を民間が行っている。一方，イギリスとスウェーデンでは鉄道の管理運営について，鉄道の線路整備（保線作業）を行う会社とさらに路線の運営する会

社に大きく分けられている。また，路線を運営する会社は路線ごとに分けられている。例えばインターシティなどの高速列車を運営する会社と別の線区を運営する会社とで細かく分けられている点である。また，それ以外の国では民営化に対しては各線区を営業できる会社を募集し入札による業者決定を行っている。これは，定期的に入札を行いその事業からの会社の参入と撤退を認めているように感じる。このような方式であると，その路線を経営できない場合は撤退して路線を別の事業者に任せることが出来るので路線は残ることになるのである。しかし，わが国の分割民営化のように全てを一社に任せるという民営化は路線撤退を引き起こしやすいとも感じられる。国鉄の分割民営化後も残った地方交通線は，既に北海道旅客鉄道や西日本旅客鉄道に廃止が発生している。また，少子高齢化や並行する道路の高規格化や高速道路の無料化や大幅割引は全国でこれからさらに経営が厳しくなるローカル線が多数発生すると予想されている。特に，四国旅客鉄道などでは，高速道路の大幅割引により，四国内の主要幹線の経営もままならなくなってきていると言われている。また貨物鉄道についても旅客列車の運転本数が増加したために朝夕のダイヤが組めなくなってきているといわれている。貨物列車の利用する専用線も全国で旅客化される状況にある。一方，貨物用に計画されていた新線は建設途中で放置されている状況である。国鉄の分割民営化以後20年と言う月日は経過したが，まだ残された課題は多くあると感じるし，このようなことも含め今苦戦している都市内の公営交通や地方交通について次の章で引き続き考察を進めてゆく。

# 第2章　都市周辺の交通機関の考察

**はじめに**

　前章では，国鉄の歴史とその終焉を考察してきたが，全国的な規模の国鉄も地域的な規模の私鉄やローカルバスも公共交通として人々の生活に欠くことのできない存在である。しかし，近年公共交通は，大きく変化しようとしている。特に国鉄の分割民営化の完了した1989年（平成元年）以降社会が規制緩和の方向に進み始めたこともあり交通の規制緩和が話題に上るようになった。そして1990年代後半から本格的に始まった公共交通の規制緩和は，事業者に対して公共交通への参入と撤退を容易にすることになった。しかし，その影響は地方の人々の足である地域交通が赤字を理由に次々と廃止されるようになり，多くの地方私鉄や第三セクターも相ついで廃止されている。また，地方の生活路線であるローカルバスについても撤退が相つぎ過疎の町村を中心に交通手段が奪われるという深刻な事態が発生している。

　ところで，地域の公共交通の撤退問題については，地方に限らず大都市周辺部の交通においても，赤字を理由に廃止を余儀なくされる交通機関が発生している。その中でも愛知県小牧市の桃花台新交通線の廃止については，今後の公共交通のあり方として疑問を呈していると考察できるのである。

　桃花台新交通は，愛知県小牧市に開発された新興住宅地「桃花台ニュータウン」と小牧市内の名鉄小牧駅周辺を直結する生活路線として誕生した。しかし，開通して10数年で撤退に追い込まれる事になったのであった。そこで，私たちは，公共交通機関が僅かの期間で崩壊した事態について重く受け止めなくてはならないのである。さらに，このような都市周辺のローカル交通機関の廃止は，今後も全国各地で発生する可能性が高いと考えられる。そこで，桃花台新交通線について少し考察してみるものとする。

## 第1節　桃花台新交通を考察する

### 1　桃花台新交通の概要

桃花台新交通線は，特殊な方式で運行される交通機関であった。その方式を一般的には，新交通システムと表現している。桃花台新交通の当初の開通予定では，名鉄小牧線小牧駅とJR中央線の高蔵寺駅までを結ぶ計画であった。

桃花台新交通は，まず第1期区間として名鉄小牧駅に接続する桃花台新交通線小牧駅から桃花台東駅間を先行開通させた。しかし，その後予定していた第二期工事は着工されないままに終わりを迎える事になった。

ところで，桃花台新交通を利用する通勤客の多くが名古屋方面に向かうが，桃花台新交通の接続する名鉄小牧線は，桃花台新交通が開業した当時は，名古屋市北区にある上飯田駅が終点であった。その場所は矢田川を渡ってすぐの位置であり名古屋市内に入ってすぐの町であった。しかし，そこから名古屋中心部に向けて直接接続する鉄道は無く，そのために名古屋市中心部に向かう乗客は，名古屋市営地下鉄平安通駅までの約1キロメートル程の道を雨天であっても歩かなくてはならず，大変不便なものであった。名鉄上飯田駅前には，地下鉄名城線開通以前には名古屋市電「御成道線」があり，名鉄小牧線の乗客は市電に乗り換えて栄方面へ向かっていた。しかし，名古屋市営地下鉄名城線の開業とともに1971年（昭和46年）市電が廃止されてからは，名古屋市営バスの栄行きに乗車するか，徒歩で名古屋市営地下鉄名城線平安通駅へ向かうかの選択となったのであった。乗客の多くは，平安通駅まで歩くという選択であった。その理由は，朝の名古屋市中心部へ向かう国道は激しく渋滞するため市営バスでは時間が掛かるからであった。バスに乗るよりも歩いて平安通駅まで行き栄方面行きに乗るほうが速く正確な時間で到着できたからであった。

このような状況を根本的に解決したのは，2003年（平成15年）3月に地下鉄上飯田連絡線が開通したことであった。上飯田連絡線はわずか1区間で開業した第三セクター方式（上飯田連絡線株式会社）で運営されている地下鉄

であるが，この開通にあわせて名鉄小牧線が大改良され，小牧・上飯田間が複線化されている。さらに，味鋺（あじま）駅から上飯田間の鉄道は地下に埋められ，庄内川と矢田川の下をくぐり抜けるという大工事により平安通駅に通じることになった。尚，小牧線の終点上飯田駅も地下に移ることになった。名鉄小牧線の改良と上飯田連絡線の開通は，桃花台新交通線にとっては，新たなる展望が期待できるように思われたが，既に経営困難に陥っていたためにその効果は薄いものとなっていた。尚，名鉄小牧線改良および地下鉄乗り入れの開始の3年後に桃花台新交通は廃止されたのであった。

　桃花台新交通の経営に大きく影響を与えたもうひとつの要因は，バス事業の変化であった。1990年代半ばより進行した公共交通の規制緩和は，この地域の交通にも大きく影響をあたえることになった。桃花台の住宅地の付近にある中央自動車道沿いには，高速路線バスのバス停が設けられ，他地域から名古屋に向かう高速バスが停車するようになった。また，桃花台から直通する名古屋高速経由の短距離都市間高速バスの運行も名鉄バスにより開始されるなど，桃花台新交通をめぐる競合する交通機関の発生は，桃花台新交通の経営環境を大きく変えていったと考えられる。

　ところで，もうひとつの要因として競合する交通機関以外にも，都市周辺の住宅開発競争にも要因が感じられる。名古屋市東部の比較的交通の便が良い日進市や三好町（現みよし市）などに大規模な住宅開発が相次いだことにより，交通に不便な小牧市の桃花台の住宅開発は鈍化していったことも要因のひとつと考えられる。さらに，このような状況に重ねて桃花台新交通に対する沿線住民の意識の低さも要因であるように感じられるのである。

　現在，公共交通機関の最大の敵は，マイカーであることは広く知られている。わが国の高いマイカーの保有率が多くの公共交通を苦境に追い込んでいるが，この新興住宅地の桃花台でもマイカー通勤や名鉄小牧線小牧駅までの送迎などが目立っている。さらに，短い距離ならば自転車や原動機付き自転車で移動するという状況もある。これは，全国各地で発生していることとして広く知られているが，家族内での運転免許取得率が高くなるとマイカーで幹線鉄道の駅までの送迎の方が便利になる。このような状況が地域全体に広

がると，住宅地と近隣の幹線の駅を結ぶローカル鉄道やバス等の公共交通機関にとっては，大きな痛手となるのである。そこで，桃花台新交通の廃止後どのような方法で都市へのアクセスを住民が行っているのか，その点についても考察したい。但し現在においては，桃花台新交通も廃止後約5年が経過し公式機関からの資料や出版物も少なく，公式発表の電子資料の閲覧も殆どが閉じられている。そこで，過去に蓄積した電子データより考察を進める。また，公式の出版物以外の分野からも有効な資料を選別し考察したい。また，これに加えて現在地方都市で経営に苦戦している，広島新交通についても紹介しておきたい。

## 2 新交通システムの考察

これから，桃花台新交通を考察していくが，そのはじめとして，新交通システムとは，どのような仕組みで走行する電車かについて簡単ではあるが，その特徴を紹介しておくことにする。

わが国に新交通システムが，本格的導入に向けて検討され始めたのは，1970年（昭和45年）ごろからであった。新交通システムの車両は，一両あたりが7.5メートル程度と小さく2両から6両程度の車両を連結して運行されるものが多い。輸送力については，1車両あたりの定員は，事業者によって多少の差があるが座席定員と立ち席定員を合わせて50名～70名程度である。

わが国で新交通システムで運行する全ての事業者は，一定の輸送力を確保するために，2両から6両程度の車両を連結し運行されている。一般的に新交通システムは，複数の車両を連結することにより一度に100名から360名程度の輸送力をつくりだすことができる。これは，一般の鉄道のほぼ2両から3両程に相当する。

ところで，車両の走行方法であるが，鉄軌道は利用せず，ガイド軌道と呼ばれる軌道に導かれながら走行する。車体はゴムタイヤで支えられ電気を利用して走行する電車である。ところで，新交通システムを広義に考えるとモノレールなども含まれるが，本論では狭義にタイヤを利用したシステムに限定して考察する。

## 第2章 都市周辺の交通機関の考察

　新交通システムの活躍では，神戸市沖の埋立地「ポートアイランド」と神戸市内へのアクセスとしてポートライナーが始めてといわれている。

　ポートライナーは，JR（当時国鉄）や私鉄さらに地下鉄が集中する神戸市内屈指のターミナル駅三宮から「ポートアイランド」内の中公園までの6.4キロメートルの路線を昭和56年2月4日に開業している。建設費用は，予定されていた総事業費の45パーセント増しの203億円であった。

　ポートライナーが最も注目されたのは，1981年にポートアイランドで開催された国内博覧会（ポートピア81）の会場アクセスのための公共交通としてであった。ポートライナーは，博覧会開催期間中は1日あたり11万6千人を輸送し，開催期間中延べ2,090万人を輸送した実績を残している。しかし，博覧会終了後は，1日あたり3万人程度の利用にとどまり，昭和60年度までに1日6万8千人が利用するとした計画時点の利用数の半分程度しか利用されていない状況が毎年続いていた。目標数字を示した年の昭和60年度でも1日あたりの利用客は4万1千人にとどまっている。

　尚，その後もポートライナーは，目標とした利用客数は現在も達成されていない。近年では，ポートアイランドのさらに沖に建設された神戸空港へのアクセスとして延長されたことにより再び注目されているが，経営は厳しいものとなっている。

　一方，神戸市には，ポートライナー以外にも六甲ライナーと呼ばれる新交通システムの路線がある。この路線は，比較的新しく1990年（平成2年）に開通した路線である。この六甲ライナーの走る六甲アイランドもポートアイランド同様に神戸港の沖を埋立て建設した土地に，港湾等の埠頭設備ならびに住宅地が建設されることになり，そのアクセスとして計画されたのが六甲ライナーである。

　六甲ライナー路線は，神戸市の東灘区のJR住吉駅からマリンパーク駅までの4.5キロメートルである。尚，六甲ライナーはJR住吉駅以外にも阪神電鉄魚崎駅にも接続している。

　六甲ライナーは，将来の旅客増加を見込んで6両連結運転を視野に入れた設備を建設しているが，開通当初は利用客が少ないと予想されたことにより

暫定的に4両連結運転で開通している。六甲ライナーの建設費総額は約419億円であった。しかし，六甲ライナーもポートライナーと同様に経営は大変厳しいものとなった。さらに経営を圧迫した出来事は平成7年1月24日発生した阪神淡路大震災である。この震災では，激震地であったために大きな被害を受けている。震災の復旧のために188日間運休することを余儀なくされた。神戸市新交通の阪神大震災の復旧費用は，ポートライナーが132億円，六甲ライナーが35億円の復旧工事費を必要としたこともあり合計186億円を超える新たな累積債務を抱える結果となった。

関西地区には，その他の新交通システムの採用例として大阪市交通局の南港ポートタウン線ニュートラムがある。また，中部圏では桃花台新交通があった。関東圏には横浜新都市交通シーサイドラインや千葉県佐倉市には山万ユーカリが丘線や東京都にはお台場方面に向かう東京臨海新交通ゆりかもめ，東京都営日暮里舎人ライナー，埼玉県には埼玉新都市交通，西武鉄道山口線が存在しその他として山陽地区には広島新都市交通アストラムラインなどがある。

現在，営業をつづけている新交通システムの経営の多くは公営もしくは第三セクターであるが，西武鉄道山口線と山万ユーカリが丘線のみが完全な民間経営である。

ところで，新交通システムは鉄道のように鉄軌道上を走るのではなく平らなコンクリートで出来た専用の軌道上をタイヤで走る電車である。車両も先に述べたように一般の鉄道よりも小型のために輸送力は，一般の鉄道に比べると劣るがその分建設も安く保守点検などの運営も簡単であるがゆえに大きな輸送力の必要としない路線への導入に注目を浴びた交通機関である。

尚，新交通システムには，鉄道やバスのように一定のダイヤを決めて運転する比較的輸送力の大きいタイプとダイヤを作成せず，利用者の必要に応じて1両で数人を輸送するタクシーに似た運行をするシステムの二つが開発されていた。これらは，人の行き来が少ない場所に向け開発されて来たが，わが国ではダイヤを決めて運行する比較的輸送力の多いタイプが採用することになった[26]。

### 3 桃花台新交通の輸送実績

桃花台新交通の路線は，どのような路線であったかを紹介するならば，地下部分ならびに地上連続立体交差部分を含めて全長 6.9 キロメートルで全線複線の都市近郊向けの路線であった。桃花台新交通が開通したのは，1991年（平成3年）3月15日に名古屋鉄道小牧線と連絡する小牧・桃花台東間が第一期路線として開通した。

開通当初の運賃は，二区制を採用し初乗りは 180 円，全区間通しで 300 円と設定されていた。その後，1997年に運賃が改定され初乗り運賃は 200 円に値上げされ始発駅から終点までの通し運賃も 350 円と 10 パーセント値上げされた。乗客の推移については，開通当初では1日あたり 3,281 人　開通2年目の92年には 2,641 人と大きく落ち込んでいる。これは，桃花台新交通線の2期工事着工に先駆けて名鉄バスが桃花台と高蔵寺間を結ぶ路線を新設したことによる影響が原因と考えられる。この年の落ち込みは，前年度比約 19 パーセントのマイナスという大きなものであった。その後 1994 年まで利用客は毎年前年度を下回り続けていった。しかし，1995年には，10.4パーセントの増加となり翌年の96年には4パーセントの増加を示すことになるが，その理由として沿線に大型ショッピングセンターの開店が影響していたことも考えられる。その後，桃花台新交通の利用者は，廃止直前の 2002 年度まで増加することはなかった。

国土交通省中部運輸局は，「尾張北部地区を中心とした公共交通サービス向上対策プログラム検討会」が作成したプログラムにのっとり 2003 年 3 月 27 日より初乗り運賃を含め全区間運賃ともに 50 円の値下げを断行したが，これが影響し 2004 年には前年度比プラス 40 パーセントとなった。しかし，廃止直前の 2004 年には前年度比プラス 10 パーセント程度であった。

表2－1は，申請時点の予想利用客数と実際の利用人数が掲載されている。開業後の実際乗客数は1日あたりの利用客数と申請時点つまり開業後の予想利用客数との差が大きく開いていることが理解できる。この数字は初年度でも約3倍あり，その後の予想利用者数と実際の乗客数の開きは大きくなる。

表2-1：一日あたりの利用予想と実績数

| 年度 | 利用実績<br>(一日当り) | 前年度比較 | 申請時 | 運賃許可<br>申請時点 |
|---|---|---|---|---|
| 1991 | 3281 | —— | 10440 | 5418 |
| 1992 | 2641 | -19.5 | 13113 | 6193 |
| 1993 | 2528 | -4.3 | 16517 | 6967 |
| 1994 | 2501 | -1.1 | 19735 | 7743 |
| 1995 | 2761 | +10.4 | 22585 | 8518 |
| 1996 | 2871 | +4.0 | 25838 | 9292 |
| 1997 | 2627 | -8.4 | 29343 | 10067 |
| 1998 | 2547 | -3.1 | 30820 | 10843 |
| 1999 | 2374 | -6.8 | 30878 | 11617 |
| 2000 | 2262 | -5.3 | 30937 | 12392 |
| 2001 | 2182 | -3.5 | 30998 | 12431 |
| 2002 | 2236 | +2.0 | 31059 | 12471 |
| 2003 | 3122 | +40.7 | 31123 | 12510 |
| 2004 | 3452 | +10.2 | 31186 | 12550 |

出典 『EXPRESS Vol 51』 2007年名城大学鉄道研究会機関誌 居田嶺史 p.8・p.9

一方で，最終年度では9倍以上の差が発生している。この申請時点の利用客の予想人数に対して桃花台の人口を比較すると1991年では17,142人，1995年では24,311人，2000年には27,415人，2004年には27,885人である。この数字どおりに桃花台新交通の利用予測とあわせると，少なくとも全住民が1日あたり必ず1往復は乗車することが必要であり，実現不可能な数字であると感じられる。ところで，なぜこのような利用客の予想が出されたかと言うことは不明であるが，桃花台の人口の増加が2000年以降より鈍化していることが予想を狂わせた要因の一つとも感じられる[27]。

## 第2節　桃花台新交通の廃止要因を探る

### 1　交通の規制緩和とバス事業の拡大

1990年代後半は，わが国において規制緩和が大きく進行した時期である。このような流れの中で公共交通事業も例外ではなかった。公共交通事業の規制緩和の特徴としては，事業への参入と撤退を緩和したことであった。規制

緩和以前は，事業参入は免許制であり，撤退は許可制であった。その理由としては，需給調整であったことは広く知られているが，事業に参入する際にも先に開業している事業者との競合がないように配慮されたり，運行本数の制限バスであれば車両数など規模の制限も存在していた。また，撤退（事業廃止）等に関しても廃止による影響を受ける地域に十分に配慮するなどがあり，住民の合意をなくしては撤退が難しかった。しかし，その反面事業者にとっては沿線地域市町村からの補填金もあったがその経営は決して楽なものではなかった。しかし，規制緩和実施後は，参入は許可制となり撤退は届出制となった。以前の許認可制に比べると大幅に緩和されたのだった。このことより利益の多い路線の事業に需給調整の関係なく自由に事業に参入でき，逆に撤退についても事業者側の自由な判断で営業成績が悪い路線や不合理な路線に関して自由に撤退の判断が出来るようになったことが大きな特徴であった。尚，この規制緩和は，陸上交通に限らず船舶事業や航空事業についても同様である。

　公共交通に関する規制緩和を契機に大都市圏においては，高速道路を利用するバス事業が大きく発展することになる。その要因としては，規制緩和などの制度面に加えて首都高速道路の路線が相次いで開通したことであった。このような道路インフラの整備が，大都市と近郊都市をダイレクトに結ぶ短距離都市間高速バス路線の開設を後押しする形になった。尚，諸外国ではこのような高速道路を利用する路線バスは早くから存在していた。しかし，わが国ではなかなか実現できず規制緩和以前には，名古屋市営バスの高速一号系統「森の里団地」行き（栄から森の里団地間）が名古屋高速の一部を走ることくらいであった。

　ところで，都市間の短距離高速バス路線は鉄道と並行するものが多い。東海地区では，先に述べた名古屋市営バス高速一号系統ともう一つ三重交通の短距離都市間高速バスが規制緩和以前より存在していた。

　三重交通の短距離都市間高速バスは，名古屋近郊の三重県の桑名市や四日市市方面の鉄道が近くを通らない地域に開発された住宅地と名古屋市内を直接結ぶ路線である。この路線は，東名阪自動車道を経由している。運行事業

者は，三重交通が単独で運行していることは有名である。行き先は，三重県桑名市などの新興住宅地やネオポリス，四日市市の桜台である。この高速バスは，三重県のベッドタウンから大都市の名古屋を直接結ぶものであり，終点の名古屋以外には，鉄道に隣接するバス停はない。この路線は，朝の通勤時間帯には名古屋市方面に向けて1時間あたり6本程度の運転があり，その他の時間帯は時間3本～4本程度が名鉄バスセンターと栄へ向け発車している。夕方は，その逆である。

　ところで，高速バスの始まりは，後の章で紹介するが，東名高速道路や名神高速道路さらには東北自動車道の開通に合わせて，昭和40年代ごろから運行が開始されている。長距離高速路線バスは，運行区間が当初は利用する高速道路によって分けられており，東京から中京圏の中心都市名古屋，また，名古屋から関西圏の中心都市，京都や大阪，神戸へと路線が分けられていた。また，その後，東京から東北地方の仙台や盛岡，青森方面へと路線が広がっていった。しかし，それらは，長距離運行であり，鉄道輸送の補助的な役割としての存在であったに過ぎないように感じられた。しかし，近年では高度成長期に計画されていた地方の高速道路の開通や本州と四国を結ぶ大プロジェクトであった本州四国連絡橋の開通により高速バスが走行できる区間が四国方面に大幅に増加することとなった。このような全国の高速道路網の広がりは，関東圏や中部圏さらに関西圏から次々と全国各地に路線が開設され，中には900キロメートル近い長距離路線も開設されている。

　一方，東海地方や北部九州地方では，首都高速道路や都市高速道路の相次ぐ開通とともに都市周辺部の新興住宅地から都市中心部に運転される短距離型の都市間高速バス路線が次々と運転されるようになった。当初は，鉄道輸送の補助的な存在と見られた短距離高速路線バスは，自動車の機動性を活かし，より利用者の近くから乗換えなしで都市中心部に直通運転されるようになり利用者を伸ばしていった。また，鉄道の運転が終了した後も深夜バスとして運行される便も存在している。

　ところで，高速バスの注目すべき点は，一般道路では信号や交通渋滞に巻き込まれ一般のバス路線とさほど違いは無いが，一度，高速道路に入ると近

代的な在来鉄道並みの速さを発揮していることにも注目しなくてはならない。その為に自宅から駅まで出かけて鉄道をいくつも乗り継ぐことに比べると，自宅近くのバスストップから発車する都市間高速バスが速く到着することやさらに着席通勤が出来るために，速くて快適な通勤手段となっている。このような短距離高速バスの存在は，鉄道にとって朝夕のラッシュ時の乗客を奪うことになり，中小鉄道にとって大敵になるのである。このような短距離高速バスは，一般的に同系列のバス会社がほとんどであるが，まったく別の会社が路線を並行させることもあり，桃花台新交通のように系列バス会社を持っていない場合は，厳しい事態が発生する可能性が考えられるのである[28]。

## 2 桃花台新交通のシステム的弱点について考察する

　桃花台新交通は，先にも述べたように鉄軌道ではない特殊な方法で運行される電車であった。車両にはゴムタイヤを履かせた台車がついており，ガイドと呼ばれる簡単な誘導用の軌道に導かれながら路面を走行するシステムであった。ところで，このシステムに類似した案内軌条方式の公共交通が1972年（昭和47年）に札幌市交通局で地下鉄として誕生している。このシステムは，一般的な在来線の鉄道並みの大型車両を利用している点に特徴がある。札幌市営地下鉄に乗車するとまず感じることは，案内軌条用の線路が軌道中心部に引かれている。左右はタイヤが走るための平らで細い軌道が設置され一見，三本の線路があるように見えるが左右にある軌道は鉄の車輪がレール上を走るのではない。車両の台車には，鉄の車輪ではなく自動車でよく見かけるタイヤが取り付けられている。電車が走行し始めると鉄軌道を走るような振動がまったく感じない代わりに，鉄道には感じられない上下の柔らかい振動を多少感じ，これは自動車と同じくタイヤが振動を吸収している証拠である。しかし，乗り心地はいいもののブレーキをかけたときに発生するタイヤと軌道との摩擦でタイヤから発生する匂いがあることが感じられるのである。

　札幌市営地下鉄で利用されている車両は，新交通システムと異なり一般の鉄道車両と同様の大型車両である。また，JRの車両よりも横幅が若干広く

感じることが出来るほどである。実際に2009年（平成21年）の春に札幌に出かけた際に朝のラッシュ時に乗車した経験があるが，新交通システムと比べるとかなりの輸送力があり速度も駅間を2分程度で走行し一般の地下鉄とほとんどかわりがなかった。また，札幌市営地下鉄では，車両も一般の地下鉄同様の長編成で運行されている。

　ここで疑問となるのは，なぜこのような特殊な方式を札幌市交通局は導入したかという理由であるが，それは明らかにはされていない。しかし，鉄軌道と違い軌道の整備費用や車輪を研磨する装置などが不要なことにより，この方式を導入したと言われている。現在，札幌市営地下鉄は，都市の主要地域を結ぶ路線の多くが開業しているが全てこの方式で統一されている。しかし，欠点としては，鉄軌道を用いたJR線との相互乗り入れが規格の都合上出来ないことが残念に感じる。もし，この地下鉄が一般の鉄軌道ならば札幌市郊外の住宅地を走るJR北海道の函館線や千歳線もしくは札沼線などと相互乗り入れが可能になるであろうと考えられる。相互乗り入れが実現するならば利便性が高まり札幌市近郊の交通体系は大きく変化する可能性があると残念に感じられる。

　ところで，先述したように，小型車両を用いた新交通システムが本格的に都市交通として導入され始めたのは，先にも述べたように1980年代である。しかし，新交通システムの問題点は，やはり輸送力にあると考えられる。新交通システムのメリットは，建設費が安いということを開発メーカーが宣伝しているが，その理由は車両が小型であるために，通過するトンネルや走るための軌道部分が小規模であるので，4車線程度の道路の上に高架橋の建設が可能になるために特別な用地確保の必要性がないので建設費が大幅に抑えられるということである。さらに，開通後は，軌道設備への保守点検費用がほとんど掛からないことや，鉄道特有の車輪用の旋盤設備なども一切不要である。また，車両の交換部品も（特にタイヤなど）自動車部品と共通するものもあり，一般の鉄道よりコストが抑えられると言うことなどを意味している。しかし，その反面，輸送力が小さいために積み残しをしばしば発生させる原因となっている。先に紹介したポートライナーも，イベントで乗客が集

中したときは6両編成でも積み残しを大量に発生させている。

　さらに，新交通システムは，輸送力が鉄道より劣ること以外にもシステム的に高速運転には適していない問題がある。時速40キロメートルから60キロメートル程度の速度で運行するように設計されているからである。新交通システムは，専用軌道を走るために交差点の停止信号も無く都市の道路を走るバスより速いが，大量の乗客を乗せ長距離を高速で短時間に走りきることは不向きな交通機関である。また，もうひとつの弱点としては，近年，大都市を走る地下鉄と私鉄ならびにJRが相互乗り入れを行い，ラッシュ時の混雑緩和や利用客への利便性が図られているが，新交通システムは，規格の差が大きく鉄道に乗り入れることが不可能である。

　ところで，相互乗り入れが可能な地下鉄は，高度成長期からそれ以後の規格の鉄道であり，昭和の初期に開通した地下鉄は，第三軌条方式が中心で規格が異なりすぎるために，一般の鉄軌道で運行する鉄道への乗り入れができないが，当然，桃花台新交通のような新交通システムでは，名古屋鉄道への乗り入れは不可能である。そのために，乗客は乗り換えることになるが，桃花台新交通の小牧駅は高架駅で地上10メートル程度にあり，一方，名鉄小牧駅は，逆に地下にホームのある地下駅である。それら乗換えの手間は，乗客に対して時間のロスと疲労感を感じさせる結果となっていた。また，接続する名鉄との連絡が悪い場合が多く，桃花台新交通の廃止の寸前になってやっと名鉄小牧線とのダイヤの改善がなされた状況であった。このような状況は，利用者が不便と心理的に感じられたのではないかと考えられる。駅の位置さらに名鉄との接続割高な運賃など悪い条件がいくつか積み重なり，利用客から桃花台新交通が見放されるようになったと感じられるのである[29]。

### 3　住宅開発の要因

　桃花台新交通の廃止の要因について考察してきたが，最大の原因はやはり利用客の伸び悩みであると考えられる。経営改善を目指した桃花台新交通は，経営努力と合理化に合わせて乗客の増加の為の施策として家族割引切符の販売などにも力を尽くした。しかし，その努力は実を結ぶことはなかった。

一方，桃花台新交通の乗客の減少は，桃花台新交通一社の努力の範囲を超えた部分もあると感じられる。その一つは，少子高齢化の問題である。最近，よく言われていることには通勤ラッシュが消えかかっているとよく耳にする。それは，わが国の人口構成と直結する問題でもある（少子高齢化により通勤時間帯に鉄道などを利用する通勤通学客の減少である）。特に通学については大きく減少していることは広く知られるところであり，公共交通機関にとっては頭の痛い問題でもある。

　さらに，もう一つの問題は，最近はじまった「都心回帰」という現象である。都市中心部にあった工場が産業の空洞化によって相次いで閉鎖されている。そこで，大手不動産などが中心となって都市部に近い工場跡地などに大型の高層マンションなどを次々と建設している。そのために都市周辺部に人口が回帰していることである。この状況は，桃花台の開発にとっても無縁な話ではなく，名古屋に近い交通の便利な場所に大型マンションの建設が相次いでいることは，桃花台からも人口が流出していくことが懸念されるからである。

　ところで，桃花台の住宅の一部には，すでに誰も住んでいないと感じられる住宅を幾つか見ることができる。理由は明らかではないが，「都心回帰」と何らかの関係があるのではと考えられる。また，新興住宅地同士の競争も始まっている。例えば，名古屋市近郊の日進市などでは，多くの農地や山林などが区画整理事業と合わせて次々に宅地に転用されている。日進市では，この10年あまりで人口が1.5倍に増加している。また，日進市のすぐ隣の三好町（現みよし市）などでも名鉄豊田新線沿線を中心に急速に増加している。これらの場所は，豊田市方面にも名古屋市方面にも近く，どちらにも1時間以内に向かうことができる上に環境の良い好立地である。交通については，名古屋鉄道豊田新線と名古屋市交通局鶴舞線との相互乗り入れが昭和50年代前半で実現しており，運賃は少々割高でも乗換えなしの便利さが住宅開発を大きく推し進めた条件の1つと考えられる。日進市の人口の推移は，表2－2で示している。尚，日進市の人口は2008年9月の時点ですでに8万人に達している[30]。

表2-2：日進市の人口推移

| 年度 | 人口 | 世帯数 |
|---|---|---|
| 2001年 | 69769人 | 25506世帯 |
| 2002年 | 71286人 | 26169世帯 |
| 2003年 | 73057人 | 27062世帯 |
| 2004年 | 75181人 | 28075世帯 |
| 2005年 | 76816人 | 28900世帯 |
| 2006年 | 77930人 | 29606世帯 |
| 2007年 | 78809人 | 30225世帯 |

出典 『日進市・統計』日進市2008年
http://www.city.nisshin.lg.jp/dbps data/ material /localhost/ files/zinkou setai.pdfを参考に作成

表2-3：旧三好町の人口の推移

| 調査年度 | 人口 | 世帯数 |
|---|---|---|
| 1999年 | 42869人 | 14221世帯 |
| 2000年 | 44624人 | 14960世帯 |
| 2001年 | 46029人 | 15523世帯 |
| 2002年 | 47721人 | 16223世帯 |
| 2003年 | 49594人 | 17050世帯 |
| 2004年 | 51248人 | 17727世帯 |
| 2005年 | 52141人 | 18121世帯 |

出典 『マッチモビ お国自慢・三好町ホームページ』 2005年発表資料
http://www.machi.mobi/a/23/521_02.htmより作成

　名古屋市周辺都市の人口推移を考察すると，桃花台の人口増加の鈍化した時期と何らかの関係があるように感じられる。開発時期が比較的早かった桃花台の場合，開発開始の時点には，考えもしなかった現象であろうが，もっと都心に近く便の良い場所に大規模住宅開発をなぜ進められなかったのかと感じる点もある。しかし，そのことを追求すると逆に桃花台開発が本当に必要であったかどうかに言及せざるを得ない。なぜなら，名古屋鉄道豊田新線と名古屋市交通局鶴舞線の乗り入れ自体が実現することは，すでに計画が進行している時期と重なるため交通の便利な土地に住宅開発が進む事も想像がついたのではなかろうかとも思えるからである。

　ところで，開発時点の桃花台の人口計画は，わずか1年で1万人も縮小さ

れている事が不思議に感じられるが，この考察については鉄道を論ずる本論とは離れた問題になるのでここまでにしたい。また，別の観点より都市を考察するならば，生活圏の問題の絡みもあるので，それは，後に論ずることとする[31]。

### 4　桃花台新交通廃止後の住民の状況

　廃止後の調査では，次のような興味深い調査結果が出されている。この調査では，名鉄小牧駅方面へ移動する手段について質問されているが，小牧市内と名古屋市内に出かける頻度についての質問に対しては，変わらない，行く回数が増えた，出かけるのをやめた，行く回数が減った，行き先を変えたという5つの質問に対して，名古屋市内へ出かける方法に対しては，70パーセントの回答が桃花台新交通廃止前と変わらないと回答している。一方，出かけるのをやめた，もしくは行く回数が減ったという人は，全体の約15パーセントほどであった。また，行き先を変えたと回答した人は10パーセン程度で行く回数が増えたと答えた人も5パーセント程度あった。

　一方，小牧市内へ出かけるかどうかの質問については，半数は変わらないと回答しているが，一方出かけるのをやめた，行く回数が減ったと答えた人は40パーセントにも達している。また，行き先を変えたという回答も10パーセントあった。

　ところで，桃花台新交通廃止後の代替交通機関として運行されているピーチバス（あおい交通運営）の利用についての質問では，通勤で利用すると答えた人は15パーセント，通学での利用者は20パーセント，買い物等についてはわずか5パーセント程度で通院については15パーセント以上を示している。尚，通勤，通学，買い物，通院ともに多いのは名鉄バスの春日井行きであった。また，名古屋方面へ買い物に出かける手段として最も利用されているのは，名鉄バスの名古屋高速経由の桃花台線であった。一方，名鉄バスの春日井行きの利用者を目的別に分けると，通勤が22パーセント，通学が30パーセント，買い物が15パーセント，通院が30パーセントであった。尚，通勤，通学，買い物，通院ともに自家用車と答えた人は全体の15パーセン

トであった。

　現在の桃花台から各方面の利用状況から考えられることは，桃花台新交通は小牧方面よりも春日井方面へ予定していた第二期工事を早急に行うか，逆に二期工事から先に開通させるほうが生き残りの確率が高かったとも考えられるのである。

　一方，小牧方面への桃花台新交通廃止後に利用している交通手段に付いての質問では，多くの回答がピーチバスと回答している。特に通勤，通学，通院ともに50パーセント前後の利用との回答があり順調なバスへの転換が進んでいることが理解できる。しかし，一方で自家用車の利用が通勤には30パーセント前後回答されており，迎えの車を入れると40パーセントを占めている。また，通学に関しては20パーセントが自転車利用と回答している[32]。

## 第3節　経営に苦しむ地方都市の新交通システム広島高速交通の考察

### 1　新交通システムの輸送力

　桃花台新交通の軌跡を振り返ってきたが，わが国に存在する新交通システムで運営する公共交通機関は厳しい経営状況にある。その理由としては，先にも述べたように，なぜ新交通システムを採用したかにある。新交通システムを採用した路線の多くは，鉄軌道を敷設し大量輸送を図るほどの需要が考えられない区間である。例えば，新たに造られた埋立地や新たに開発された住宅地，また，乗合バスでは輸送力不足，鉄道では輸送力が過剰になる複雑な輸送力が必要とされる区間に導入されているといっても過言ではない。

　新交通システムは，先にも論じたようにバスや索道線以外としては，小さな車両で運用する点に利点があり，連続立体交差や地下化した軌道でも小規模設備で建設できることにより安く敷設できるところにある。路面電車やLRTでもよいと感じるが，道路に軌道を敷設するために都市では自動車交通の妨げになる。それに，比べて専用の軌道を持つ新交通システムは，自動車にとっても渋滞にならないメリットがあり，公共交通にとっても交差点の

信号や渋滞に巻き込まれないために，定時到着が可能となる。最近注目されているLRTの富山ライトレールを考察すると，専用軌道上の走行については，一般の在来鉄道と変わりないが，併用軌道（道路上に敷設した軌道）に入ると速度が落ち，たびたび駅以外の軌道上で停車する。また，長い歴史を持つ長崎市内の長崎電気軌道や広島市内の広島電鉄の路面電車に乗ると軌道敷（線路）に車が進入しいきなり急停車することがたびたび発生している。また，電車と自動車との接触事故も発生している。また，輸送力については，観光シーズンに入ると乗客が増加し積み残しも発生している。新交通システムは，そのような点により路面電車より優れている。新交通システムは，鉄道とバスの中間的輸送力があると考察できる。このような公共交通は，明治期中期から大正期に全国で普及した軽便鉄道と類似点があるように考えられる。軽便鉄道は，旅客，貨物ともに一時期わが国の多くの地域のローカル輸送に活躍したが，その中途半端な輸送力により，一般の鉄道に改良されたものもあるが，ほとんどが幹線鉄道の開通や自動車交通に追われ姿を消していった。今では，富山県の黒部渓谷を走る黒部渓谷鉄道のような小型電車でしか輸送が難しい特殊な区間や三重県四日市市内にある近鉄のローカル線や三岐鉄道に残るのみとなっている。旅客，貨物ともに自動車の普及したわが国では，軽便鉄道は生き残れないとも考えられる[33]。

## 2 広島高速交通の現状

これまで，論じてきた桃花台新交通と同じく厳しい経営状況にある広島アストラムライン（広島高速交通）の状況を考察してみることにする。

広島市内の代表的な公共交通といえば広島電鉄の運営する路面電車というイメージが非常に強い。戦前より広島電鉄は，広島市内および郊外路線として宮島口までの路線を運営している。しかし，その広島市内では交通渋滞も日増しに激しくなり路面電車の運行もスムーズに運行しているとは言いづらい状況が見受けられる。

路面電車の平均速度は，全国的に平均すると速くても時速42キロメートルに達するかどうかである。しかしこの数字は，現在残っている路面電車の

表2-4：一日あたりの乗車数の推移

| 年度 | 人数 | 前年度比 |
|---|---|---|
| 平成6年度 | 43,575 | 4.2 |
| 平成7年度 | 45,418 | 4.2 |
| 平成8年度 | 48,804 | 7.5 |
| 平成9年度 | 50,233 | 2.9 |
| 平成10年度 | 51,607 | 2.7 |
| 平成11年度 | 52,551 | 1.8 |
| 平成12年度 | 52,998 | 0.9 |
| 平成13年度 | 52,918 | -0.2 |
| 平成14年度 | 49,671 | -6.1 |
| 平成15年度 | 48,689 | -2 |
| 平成16年度 | 48,450 | -0.5 |
| 平成17年度 | 49,033 | 1.2 |
| 平成18年度 | 49,475 | 0.9 |
| 平成19年度 | 50,546 | 2.2 |

参考資料 『広島高速交通発表資料・経営状況』広島高速交通
http://www.astramline.co.jp/situation18.html より作成

多くが,一部専用の軌道を走行しているためであり,速度が向上しているためであり,国道等の軌道併用区間では,著しく速度は低下し自転車とあまり変わらない速度であり横を走るバスに追い抜かれるのである。

　ところで,広島ではそのような路面電車と合わせて,広島市郊外に向けた路線バスも各方面に運行されている。しかし,広島市内の過密化に加え都市の拡大により,広島市内西部にも新興住宅街が開発され,さらに大学や企業なども多く郊外に移転し始めたことにより,広島市内の繁華街等のみを走る路面電車では,カバーしきれない情況もあり,新たなる公共交通機関が求められた結果,広島県庁付近を基点とした広島市内の西を半周する交通機関が建設されることとなり広島高速交通が誕生した。

　先に論じた愛知県の桃花台新交通と同じく多少の方式は異なるが新交通システムで運用されている公共交通機関である。正式な社名は「広島高速交通」である。今年開業より18年目(平成24年現在)を迎えるが,1日平均の利用客は,平成19年度で1日約5万人程度である。尚,開通時点からの1日あたり年度別の利用客数については表2－4に示している。

**図2-1：広島高速交通の一日あたりの乗車数**

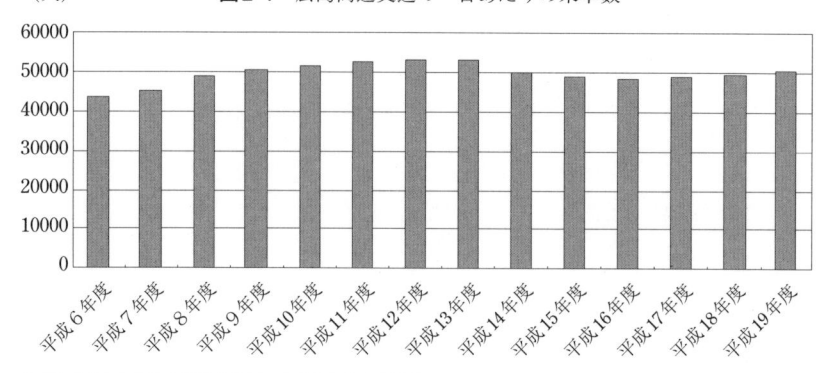

（人）縦軸：0〜60000

横軸：平成6年度〜平成19年度

参考資料『広島高速交通発表資料・経営状況』広島新交通 http://www.astramline.co.jp/situation18.html より作成

　広島高速交通の1日に於ける利用客の増加率は，平成8年度が前年度比7.5パーセントと最も多いが，平成13年度以降は，連続して前年度を下回る状況になり，特に平成14年度にはマイナス6.1パーセントと大きく落ち込んでいる。その理由に関しては，大学などの移転が終了したことに加え新興住宅地等の開発が一定水準に達したことがあるように現地に赴けば感じられた。

　ところで，1日あたりの利用客の推移であるが，平均4万人台後半から5万人に達しているが，もっとも伸びが高かった時期の平成10年〜平成13年にかけては，5万1千人〜5万2千人を数えている。しかし，その後の伸びは小さい。沿線は，場所的にも広島市内から西の郊外住宅地を次々に通る路線である。その為，これらの地域の住宅開発が進行し開発そのものが一定段階に達している可能性があるとも感じられる。今後の乗客の伸びは，沿線開発が新たなる段階に進むのかがこの公共交通機関の運命に大きく掛かっていると感じられる。

　一方，沿線の定期利用客の伸びは，当社発表の資料より毎年4パーセントの伸びがあり一定の増加傾向にあると考えられる。しかし，全体の利用客の伸びは，平成17年以降1パーセントから2パーセント程度の微増にとどまっている現状がある。

　ところで，広島高速交通の営業損益については平成12年と平成13年以外

は軒並みの赤字続きであること。また，累積損益については一度も黒字になっていないことが理解できる。

当社発表の資料によると，広島高速交通の沿線には住宅開発が進み，定期利用客は増加しているものの依然と厳しい経営が続いている。そのため経営合理化の努力は続くものの経営状況の厳しさには変わりがない。また，平成18年度以降は特別損益（補助金）が無くなりさらに累積損益の悪化が今後懸念される。

このように考察すると新交通システムが建設費等の初期投資がおさえられるといってもやはり，その後は，大きな赤字を抱えさらに厳しい経営となろう。

一方，広島高速交通は，確かに赤字で厳しい経営状況にはあるものの桃花台新交通の末期とは大きく異なっている。それは，1日あたり5万人程度の利用客が確保されていることである。ちなみに桃花台新交通の場合は，1日わずか800人程度まで利用客が落ち込んでいたことに比べると沿線が都市中心部を走っていることに加えて，ひとつの新興住宅地を走る公共交通ではなく，複数の住宅地や公共機関が沿線に存在することである。つまり，都市内の幹線的な役割もあることが強みであると考えられるのである。

ところで，広島高速交通には第二期工事の計画もあった。これは，現在広島電鉄の運行している路面電車の路線に合わせて広島市内の繁華街や広島港（宇品）などを結ぶ路線として計画され完成後は，随時路面電車を廃止することを念頭に計画されていた。しかし，この計画は現在頓挫している状況である。もし，このような計画が実施されていたらさらなる建設費を抱え込むことになり，かなりの累積債務を抱えることは間違いないものであったと考えられる[34]。

### 小括

新交通システムは，需要の少ない公共交通に適切であるといわれてきた。しかし，先にも述べたように新交通システムを先進的に取り入れた神戸市交通局や大阪市交通局の運営する路線も順調な経営とは言いがたい情況である。

それは，もともと人口が多いところでは，新交通システムは，積み残し等の問題が発生するなど大量輸送には不向きである。新交通システムの最も適している場所は，人口の比較的少ない地域に敷設する公共交通機関である。つまり，あまり利用者のいない区間に向いているということである。一方，新交通システムのもう一つの弱点は，他の鉄道への乗り入れがシステムの差より行えないこと，つまり互換性が無いことである。一方，新交通システムは，自動車と速さがあまり変わらないと言う問題もある。信号の無い路線バス程度の速さであることも弱みの一つであろう。

ところで，全ての公共工事に統一して言えることであるが，新交通システムの計画も大変甘い利用者予測によって経営が窮地に至る原因であると考えられる。また，これと並行して国の補助金が得られると言うシステムにも問題が発生する要因が隠されていると感じる。先に論じた桃花台新交通は，第二期工事の中央線高蔵寺駅方面のほうが便利であることは明らかであったが，小牧市の補助金対象事業であるためにわざと不便な方面から建設する結果となったように考えられるが，この問題は複雑であるため今回は言及しないものとしたいが，完成後短命で終わる公共交通が今後発生しないように十分な計画が必要ではないのかと感じられる。

平成20年4月には，東京都の経営する新しい新交通システム「日暮里舎人ライナー」が開業している。この新交通システムは，今までバス以外に公共交通のない地域に建設されたものであるが，今後の利用客の確保が課題となろう。

近年，首都圏や大都市を中心に次々と新交通システムやその他の公共交通機関が開通しているが，その経営は決して安堵できないものが多いと感じる。最近の例としては，平成22年7月には愛知県名古屋市内にある「あおなみ線」（名古屋駅から金城埠頭間）が債務超過により開通後10年経過しないうちに破綻が発表されている。この鉄道は，第三セクター鉄道方式で経営されている鉄道である。この鉄道の誕生のきっかけは，国際博覧会（愛・地球博）のサテライト会場が名古屋市内の中心部に残る笹島操車場跡に開催されることに合わせて開業された。しかし，博覧会終了後は，乗客が伸び悩んでいたこ

とが原因である。この路線の計画は，高度成長期に名古屋市内の公共交通網整備計画にあったがそれを実現させたものである。しかし，博覧会終了後は，利用客が伸びず破綻に至ったのである。

ところで，破綻後に「あおなみ線」の再建計画が発表されている。再建計画の内容の中には，JR東海が運営する国内最大の鉄道博物館が金城埠頭駅付近に建設されていることに加えて，笹島操車場跡地の再開発計画により乗客が増加する可能性も含まれている。しかし，この再建計画に対して不透明な再建計画との声もある。

名古屋市周辺には，「あおなみ」線以外にも「愛・地球博」に関連して建設された愛知高速鉄道「リニモ」（藤が丘・八草間）が万博終了後大変厳しい経営を続けている。この交通機関は，国内ではじめてのリニアモーターカー方式により運行されている特殊な交通機関である。しかし，万博終了後の利用者の激減に加えて沿線開発が遅れていることにより経営は大変厳しいものになっている。沿線には大学等の公共施設があるものの周辺地下鉄駅への直行スクールバス等が設けられていることもあり，利用客は伸び悩んでいる。今後，愛知高速鉄道も破綻の可能性があると考えられている。

また，名古屋市内には名古屋ガイドウエイバス（大曽根・志田味間）も厳しい経営となっている。このことについても簡単に触れておくこととしたい。ところで，ガイドウエイバスとは聞きなれない言葉であるが，特殊に改造されたバスがバス専用の道路を走行するものである。専用道路に入ると運転手はハンドル操作をしなくてもバスは自動的に運転される仕組みとなる。専用軌道が終了すると一般のバスと同じく公道を走るがそこからは運転手が運転する。この名古屋ガイドウエイバスは，守山区の公共交通機関がバスしかない地域に対して，より速く名古屋市内の北部の地下鉄，名鉄，JRが乗り入れている大曽根駅を結ぶために建設されたものであった。専用軌道の区間は，朝夕の渋滞の激しい区間に設けられている。当初は，名古屋市交通局を中心に元々路線バスを運営していたJR東海バスと名鉄バスが参加していたが，利用客の伸び悩みを理由にJR東海バスが撤退後，続けて名鉄バスも撤退したために，現在では名古屋市交通局のみが運行を担当している状況であ

る。また，これらの区間の一部（大曽根・砂田橋間）は人口も多く名古屋ドームなどもあるものの地下鉄名城線が併走しているため，大曽根駅から砂田橋までの区間を利用する乗客は少ない。この名古屋ガイドウエイバスも今後の経営は厳しいものと考えられる。これらの交通機関に対しても，今後の路線維持，ならびに利用客の増加について考察を続けて行きたい。

# 第3章　現代の公共交通機関をめぐる最近の状況

　**はじめに**

　公共交通機関は，地域住民の生活に重大な影響を与える問題である。そのため，安定的なものでなくてはならない。そこで，一つの規制として事業の休止・廃止については，一定の制限が設けられている。

　鉄道事業やバス事業については，その事業の休止もしくは一部廃止もしくは全線廃止を行う場合に，従来は，国土交通大臣の許可が必要とされていた。しかし，現在では，それらが届出制になり届出が出されると受理するようになった。また，近年では地域住民の同意は不要となり簡単に路線の撤退が出来るようになった。また，地方交通によくある例であるが，住民は公共交通である鉄道やバスの路線廃止を反対しても，運営費の支援を得ることが出来ない場合には，事業者の判断で廃止へと結論付けることができるようになっている。しかし，地方経済の状況は厳しく財政難が続く地方公共団体からは，支援は必ずしも十分に得られるとは限らないし，むしろ交通に対する補助金は削減の方向である。そのため，廃止の危機に直面する交通機関がいくつも発生している。

　一方，豪雨災害などによって，一部休止そして全線廃止へと進行する鉄道も発生している。また，比較的人口の多い大都市周辺部でありながらも乗客の獲得が難しく廃止へと進行する公共交通機関も発生している。これらについてもなぜそのような現状に至ったかを考察してみるものとする。一方，交通機関の多様化が近年進行している。これも規制緩和が大きく影響していることであるが，従来は鉄道事業や路線バス事業，観光バス事業などの公共交通機関は，認可を得るための条件のハードルが高く，新規に路線を開設することは難しいものであったが，近年では，大幅に規制緩和され，多くの事業者が参加できるようになっている。しかし，開設される路線の多くは既存の

交通機関が存在する需要の多い路線であり，既存の事業者と競合することは避けられない状況である。さらに，近年ではさらに「擬制のバスツアー」が首都圏と大都市を結ぶ交通機関のひとつとなり，規制の枠を越えた長距離高速バスが登場している。これらの乗車券予約は，近年急速に発達した携帯電話やパソコンからのインターネットを通して予約され，また運賃も破格であることが人気となり乗客を集めている。当然，既存のバス路線を持つJRバス各社などは，早期予約に関しての大幅な割引や特定便（青春ドリーム号）に対しては，東京，名古屋，大阪間で3,500円という破格の夜行バスも運行するようになった。

　夜行バスの割引の影響は，バス事業者以外にも波及している。鉄道では，系列バス会社の値下げにともない，長い間新幹線終了後の東京・大阪間の夜の移動を支えてきた夜行寝台急行「銀河」（東京・大阪間）の廃止や長らく庶民の足として親しまれた快速夜行列車「ムーンライトながら」（大垣・東京間）が定期列車からの廃止と臨時季節便化するなどの影響が現れている。しかし，鉄道がバスでは輸送量が違うのになぜと言う疑問が生ずるが，その理由は，夜のバスターミナルで夜行高速バスの発車風景を見学するとよく理解できる。例えば名古屋のハイウエイバスターミナル等には利用者が多く詰め掛けバスも多いときには2台以上で運行されている。また発車時間や経由を変えた便があるために最低でも4便はあることになる。これはJRバスのみであるのでその他の事業者によって運行される高速バスは相当の台数が予想できる。東京方面行きの便が通る名古屋市千種区の本山交差点付近の道路では，（名古屋から東京に朝6時前後に到着するには最低限の名古屋出発時間と考えられる）午後11時30分から深夜0時前後に待機していると，夜行高速バスと判断できるバスが毎日10台程度は見ることが出来る。その中にはJRバスもあるがそれ以外の事業者の運行する便も多く見かけることができる。さらに，昨年10月からは新たに八事，赤池，東郷町を経由する便も開設されている。このことより，毎日300人前後が東京方面の夜行バスを利用していると考えられる。また，大阪から発車する夜行バスも含めると東海道本線の夜行列車の存在を揺るがす事態になっていることが理解できる。このような高

速バスの影響はその他の地方にも波及している。

　夜行高速バスの魅力は安い運賃にあると考えられる。一方，夜行高速バスを巡る環境は厳しさの一途をたどっていると考えられる。その原因のひとつは石油価格の高騰である。現在石油価格は一旦落ち着きを見せているが，世界経済の状況から判断すると将来的には，再び高騰する可能性が大きい。現在のような高速バスの低価格競争をどこまでつづけられるのかは不明である。

　また，低価格競争の行き着く果てには，夜行高速バスの破綻へと進行することも考えられるのである。また，最近，注意を払わなくてはならないことがある。それは，平成21年8月30日に行われた第45回衆議院選挙により第一党になった民主党は，高速道路の完全無料化を促進することを選挙公約に掲げている。現在その計画は，一旦新料金を提示しているが，高速道路が無料化となればその影響をまともに受けるのは公共交通機関である。平成23年5月まで実施されていた，土曜と休日の乗用車のETC割引でも鉄道や高速バスさらに船舶に大きな影響を与えている。すでにこの影響は，全国各地で発生し，廃止になった航路も四国地方を中心に数多く発生している。当然，高速バスも影響を受け乗客は路線によって大幅に減少し，さらに道路の大渋滞で遅れが目立っているとバス事業者各社は発表している。この影響は，間接的にも鉄道に広がり新幹線も乗客の減少が見られている。このような現象の証拠として平成21年のお盆期間でJR線を利用した人の数は，前年度比の2割減となったことをJR各社が発表している。わが国の公共交通は色々と課題が多いがさらに一つの問題が加わった感じである。しかし，このような国家の政策面から発生する問題は，政治的な問題が絡んでおり本論の範疇には遠いものがあるので国鉄問題と同様に言及こそは避けたいと思うが，間接的に発生する影響については現状を述べるものとしたい。


## 第1節　公共交通と規制緩和

### 1　地方交通の現状

　現在までの公共交通の運営システムは，大都市においては通勤，通学やビ

ジネス客で常に利用客が多くそこで得た収入で地方のローカル線を運営すると言う形であった。また，大都市間にしか路線を持たない大手私鉄や準大手私鉄は大変効率が良いものであった。

一方，地方においては，鉄道は町のシンボルと表現されても実際に利用するのは学生や老人が中心であり，自動車の運転ができる人は，自動車で移動しているというスタイルである。また，近年，地方の道路も舗装などの整備が行き届いたことや高規格化が進み大変良いものになった。そのために人々は，いつでも利用できる自動車の利用が多くなっている。しかし，地方都市でも朝夕のラッシュ時には，渋滞が発生し特に地方の中心都市へ向かう道路の交通渋滞は激しい。

ところで，その渋滞している道路の自動車は，1台あたり何人が乗っているかと考察すると大半が1人もしくは2人である。平均的な4人乗りの乗用車で考えると乗車率は，実に20％台である。この渋滞を緩和する方法としては，例えば，近隣で同じ方面へ通勤する人々がうまく1台の自家用車を乗り合わせれば道路渋滞は2分の1以下程度になりかなり緩和されると考えられる。なぜ自家用車の利用が地方で多いかと考えると，大都市と比べ地方には会社等にも敷地に余裕がある場合が多く，駐車場にあまり困ることがないことに加えて，公共交通が乏しい地域が多いことである。地方でも自家用車が普及する以前には多くのローカル鉄道や乗合バスの路線が存在していたが，自動車の普及が急速に進行した昭和30年代以降を境に地方鉄道の廃線が相次いでいる。近年でも平成21年9月に北陸鉄道の一部（鶴来・加賀一宮間）平成24年3月には十和田観光鉄道が廃止されている。

地方私鉄の廃止を考察すると廃止の順番は，まずは支線から始まり，旧国鉄との乗換えが出来る路線を最後に残しやがて全廃となって行く事例が多い。なぜ地方鉄道の乗客が減少するかを考えると，地方の住宅事情も考えられる。地方ではひとつの場所に固まって家々が存在することは少なく，特に農村部では離れて集落が点在していることが多い。当然駅までの距離が遠い場合が多いのである。このような状況は，公共交通の弱点であり，不便さを最も感じるところである。たまの利用なら駅から家までタクシーを利用するのだが，

毎日の通勤や通学では料金的に不向きである。むしろ，自家用車があるならばそのまま目的地に向かうであろう。昔ならば2キロや3キロ程度を歩くことはあまり苦にはならなかった。しかし，近年では時間の関係などで無駄と考えられる可能性もある。当然，自転車という選択肢もあるが，雨の日や雪の多い地域ではあまり有効ではないであろう。当然，自家用車にとっても雨や雪は好まれた状況ではないが，道路の高規格化が進行し悪天候であっても運転が容易になっていることも関係していると考えられる。場合によっては，新しいバイパス道路の完成によって自動車の方が大幅に速くなっている地域も発生している。

わが国に自動車が登場したのは，意外に早く明治時代である。わが国で最初に走った自動車は，ボイラーでナフサを燃やし，蒸気を発生させて走る蒸気自動車であった。一方，現代でも注目されている電気で動く電気自動車も登場している。ガソリンエンジンの自動車も後に登場するが，それほど性能は良くなかったと言われている。また，わが国には，自動車を製造する技術は無く輸入品であった。後に部品を海外より輸入し国内で組み立てるようになるが，わが国独自の技術で部品の製造から組み立てまで行うことができるようになるまでにはまだまだ時間がかかった[35]。

## 2　高速バスが鉄道事業に与える影響の考察

近年，高速道路が全国に開通し，首都圏から地方へ高速道路で直接結ぶことが出来るようになった。それに合わせて高速道路を通行する高速バス路線が全国各地に路線を広げている。

高速バスの歴史は，東名高速道路と名神高速道路の開通時期に遡ることが出来る。この頃，高速鉄道時代の幕開けとして東海道新幹線が開通している。一方，自動車交通に関しては，東名高速道路と名神高速道路を走行する国鉄の路線バス「ハイウエイバス」が鉄道の補完的役割として開設された。当時の路線バスに利用されるバスは舗装道路であっても乗り心地，性能ともに良いものではなかった。その時代に，高速でしかも長時間の安定した走行が可能であり，さらに乗り心地の良いバスは考えづらいものであった。

日本人が考えるバスの役割は，駅や市街地から近隣の郊外住宅地区までの乗り物として認識されていた。当時，団体ツアー向けの観光バスもあったが，車内が狭く乗り心地も良くはなかった。バスのみで東京から東名高速道路で名古屋へ，名神高速道路で名古屋から大阪までの長距離を走る路線は考えづらかった。
　また，路線バスには許認可制度が絡み都道府県境を越える路線の開設は，既存業者との調整が難しいものであったことは広く知られている。東名ハイウエイバス，名神ハイウエイバスのような路線開設が可能であったのは，国鉄バスであったからと考えられる。しかし，路線開設が可能であっても実際走るバス車両がなくては何にもならない。そこで，国鉄と各バス車両のメーカーは，高速で長時間安定走行ができ，さらに乗り心地の良いバスの製作に取り掛かった。その車両が，完成するとともに高速路線バスが開通したのであった。ところで，世界的には，長距離ハイウエイバスは欧米の各国にはすでに存在していたが，それに追随するようにわが国にもその時代が訪れたのであった。当時のハイウエイバスは，通過地区ごとにバス停を設けていた。その距離は，5キロから10キロ程度であった。公共の道路を走る関係上ハイウエイバスは，ダイヤはあっても道路状況により到着時間が不安定になる。これは，自動車交通の運命的な欠点でもある。運賃については鉄道運賃とほぼ同額であったが，急行，特急料金は設定が見られなかった。これは定時到着が不可能な分の言い訳のように感じられる。しかし，特別料金の無い設定はこの例がスタンダードとなり現在においても鉄道との運賃格差を引き出す大きな強みとなっている。しかし，ハイウエイバスはその後に，北へ向けて東北自動車道の開通に合わせて私鉄系列のバス会社が東北に向けた路線を開設し，また，西に向けて山陽自動車道の開通の際には，中国地方や九州地方へのハイウエイバスが開設されることになった。しかし，そのベースとなる車両設計は東名ハイウエイバス，名神のハイウエイバスである。しかし，ハイウエイバスは，その後進化を続けたが最大の転機となったのが国鉄分割民営化であると言われている。今まで国鉄のために製造していた高速バス専用の車両をメーカーが市販車両として一般のバス事業者にも販売することに

なったからであった。

　ハイウエイ向けのバス車両は，当時は，私鉄系列のバス会社が大量に購入して観光バスと路線バスに当てることになった。多くの事業者は，高性能のバス車両を簡単に手に入れることになった。さらに，全国の高速道路もこのころより建設中の道路が開通時期に入ったこともあり，より遠くの都市への高速路線バスが開通されることになった。一方，大都市周辺で鉄道の便の悪い住宅地等に短距離高速バス路線も多く開設されるようになった。この影響は，第2章に述べた桃花台新交通ですでに述べている[36)]。

### 3　高速バスの今後についての考察

　交通の規制緩和は，全国の高速バス路線を運営する事業者に大きく影響を与えるものとなった。交通事業への参入が自由になった反面，競合する事業者が多くなったからである。また，運賃などの規制が残り，またバス停の設置に費用のかかる路線バス形態よりも団体ツアーバスの形態が有利であるために弱小の事業者は，団体ツアーバスの方式で乗客を集めている。多くのバス事業者が参入したことにより運賃等の価格形態も多様化していった。しかし，そのような運行形態が好ましいものかどうかは判断しづらいものである。

　バス路線を利用する乗客は運賃に対して安さを求める傾向がある。特に若い年齢層の乗客の中には，鉄道を利用するより安いから高速バスを利用しているという乗客が多い。さらに，同じ区間を走る高速バスであってもより運賃の安い事業者が運営するバスを求めている。これらの乗客と事業者を結びつけるのはパーソナルコンピューターや携帯からのインターネット予約である。

　ところで，なぜ安い輸送サービスを提供できるのかという疑問が湧くが，格安な高速バスを運営する会社の実態は分かりづらいと言われている。これらのバス事業者の実態の一部が明らかになった出来事として，長野県の「安曇野交通」が大阪市内で起こした事故であった。その事故では死者1名と多数の負傷者を出したが，その会社の運営するバスの運行実態は通常では考えられないものであった。その後，報道番組で運転手の経験不足や過労の実態

が多くのニュース番組に取り上げられている。特に，制限速度を上回って走行し眠気を解消している実態や居眠りらしい運転をしている映像が当時のニュース番組に流された。また，驚くべきことは，高速バスの管理監督機関である国土交通省も参入する事業者の急増で立ち入り調査などの監督が十分になされていない実態もあるといわれている。しかし，それから時を経て平成24年4月29日の早朝に関越自動車道で発生した事故では死者7名と多くの重軽傷者を出す大惨事となった。バスを運行していた千葉県のバス会社「陸援隊」は貸し切りバスを専門に行う事業者であったが，その実態は複雑で名義貸しなども行う業者であり無許可営業（白バス）に近く，責任の所在が不明確な規制緩和でもっとも懸念すべき業者であった。さらに国の基準も一人の運転手が一日で走行しても良い距離が670キロメートルであったことなどや前回の安曇野交通の事故の教訓はほとんど生かされていないものであった。また，国土交通省の立ち入り検査もほとんど行われていないなどの不備が明らかになった。確かに急激に増えた事業者に対して対応することは困難と言えども過去の教訓は生かされる事がなかった。さらにツアーを企画した旅行会社の責任の所在についても明らかでないのである。いずれにしても運賃の安さとは別に絶対に担保されなくてはならない安全性が，蔑ろにされている実態がまた明らかになったのである。一方でこの問題に関して国土交通省以外の消費者庁からも旅行商品の欠陥として消費者問題でも扱う動きが見られ始めている。ところで，バス事業者は，常に運転手を募集している。それは，過酷な勤務実態により短期で退職する運転手が多いことを示している。さらに多くの運転手は過酷な勤務により事故を起こした経験があり，結局は運転手に責任を転嫁して処分されるのは運転手のみと言う実態も明らかになってきている。しかし，このような実態を放置することは規制緩和と言えども許されるべきではないと感じる[37]。

　一方，近年では夜行高速バスの機関からの出火による火災が相次いでいる。その原因の一つはメーカー側にもあるといわれているが，ユーザーであるバス事業者側にも原因があると考えられる。実際に夜行高速バスに使用している車両は，昼間も同じ路線を昼行便として走っている。その為に車両を休ま

せる時間が少なくなっている。これは，事業者が車両を多く保有できないからである。バスには自動車重量税の他自動車保険等も必要である。それ以外にも路線バスとしての維持費はほかにも掛かる。東京等に営業所がない事業者の場合は，駐車料金等が発生して損であるからである。また，高速バスの老舗であるJRバスも価格競争が激化することに伴い，バス車両を減車するなどして効率化を図っている状況である。そのために少ない車両で長距離運行するために，到着後短時間の休憩で折り返すなど車両を酷使している。このような条件の重なりがバスの機関を短期で故障させる原因に繋がっているとも考察できるのである。

　ところで，高速バスのもうひとつの問題としてバリアフリー化の問題がある。高速バスは一部の短距離路線を除くと，そのほとんどが観光用タイプの車両を利用している。これらの車両は，ハイデッカーと呼ばれる床の高いタイプが主流である。確かに眺めは良く目線が高いために高速長距離走行でも乗客の疲れは比較的少ないが，バリアフリー化については，まったくの配慮がない。これは，使用されている車種にもよるが，乗客は入口から狭い階段を2段程度のぼり座席へ向かう。しかし，これは高齢者や車椅子での乗車に対する配慮がされていない。また，鉄道と違って限られたスペースでより多くの乗客を運ぶために限界まで座席を増やしている。例えば，本州と四国を結ぶ高速バス路線などにはそれが顕著に見受けられる運行会社がある。

　低床式のバスについては，一般の路線バスにバリアフリー化として導入されているが，座席の配置など問題点が多い。特に，車内に大きく張り出したタイヤカバーの部分などは，物置程度にしか利用されていない。また，極端に高い位置にある座席もあり使いづらくなっている。このような低床式のバスは，長時間乗車する高速路線には向いているとは考えにくいものである。また，さらに重要な問題は，座席定員が減ることである。そのために複数台で運行することになると経費がかかりすぎることになる。道路交通法が改正され高速路線バスも着席シートベルトが義務付けられるようになったために，補助席の使用は極力避けられている。また，当然，一般の路線バスのように，立ち席は認められないこともある。また，もうひとつの問題として低床車の

バスは，客席の目線が低いため，乗客の疲れ具合も大きいと考えられるのである。しかし，高速路線バスが，鉄道同様の役目を果たすためには，このような問題の解決することも，高速バスを運行する会社の社会的責任があるのではないかと考察できる。もし，この問題の解決が難しいならば，高速バスは，本当の公共交通機関とは言えないと感じるのである。

## 第2節　本州四国連絡橋開通後の四国内交通の変化

### 1　本州四国連絡橋と高速バス

　本州と四国に掛かる本州四国連絡橋は，東から順番に兵庫県神戸市と徳島県鳴門市を結ぶ通称神戸鳴門ルート，岡山県の児島市と香川県坂出市を結ぶ通称児島坂出ルートそして広島県尾道市と愛媛県の旧今治市(現四国中央市)を結ぶ尾道今治ルートの三つのルートが建設され開通している。

　建設計画は高度成長期に立てられたが，途中二度に渡る石油ショック等で建設は中断し，開通は部分開通を含めて昭和の終わりから平成10年代に順次開通した。この事業は，国の一大プロジェクトでもあった。その中で鉄道が走るのは児島坂出ルートの瀬戸大橋のみであることは広く知られている。しかし，その後遅れて全通した神戸鳴門ルート（鳴門と淡路島を結ぶ大鳴門橋は昭和60年開通）に設けられた高速バス路線は，四国内の高速道路整備の完成とともにJR四国の経営を圧迫するようになりはじめている。当初から神戸鳴門ルートは，開通以前からも試算で相当数利用客が集中するものと見られていた。実際には，自家用車の高速道路の通行料金よりも高速バスの運賃が割安であったことや所得の低い四国各地では遠回りして新幹線の高い運賃を払うよりは，少々到着時間が不安定でも高速バスを選ぶ乗客が増えたことにより，JR四国を利用せずに直接近畿圏，特に阪神方面へ向かう利用者が急増している。

　東京，名古屋方面から香川県や愛媛県，さらに高知県方面へ向かう夜行長距離高速バスは，四国横断自動車道や四国縦貫自動車道の開通とともに児島坂出ルートの瀬戸大橋より有利であるため，阪神方面の路線の経由を変更し

ている。

　四国から阪神方面に向かう高速バスの運行例として，徳島県から神戸，大阪方面へ向かう高速路線バスは，運行本数の多い時間帯ではJR系列会社と私鉄系列の便数を併せると1時間あたり6～7本程度となり特に大阪駅やJRなんば（湊町バスターミナル）へは各便に対して複数台のバスで運行される。また，平成11年以降は，大阪周辺の都市，枚方市や奈良県の奈良駅行き，京都府の京都駅前行きなどの路線も後に開設された。これらに加えて開通当初から運行されていた神戸三宮駅行きや神戸空港行き，またリムジンバスとして運行されている関西空港行きなどを併せると一日の発車回数は100便に迫るほどになっている。

　一方，先にも述べた香川県方面からは，一時間に4便から6便運行されている。これらを合わせると阪神方面から四国方面への高速バスは，一日に200便以上運行されている。最近の傾向としては，高松方面からの利用客が急増し，常に高い乗車率を数えている。

　高速バスに利用されるバスの多くは，座席は60人から55人程度である。これは，私鉄グループの場合，各事業者が車内の設備を独自に設計している為であり，トイレの広さや洗面所の設置やわざと座席定員を少なくして座席間隔を広くしているからである。このような状況は，瀬戸大橋を経由して本州と四国を結んできたJR四国にも大きく影響を与えている[38]。

　このような高速バスであるが，この路線を走る高速バスの多くは既存の私鉄系列のバス会社と四国と西日本などJRグループのバス会社に加えて，本四架橋開通ともに廃止された民間航路の旅客船会社が共同出資して設立した系列の本四海峡バスなどの会社がある。本四海峡バスの営業区間の特徴は，本州内と四国内および淡路島内では，本州四国連絡橋を渡らないローカルバス路線を一切持たない高速バス専門の会社である。ところで，近年では，JR四国バスのように効率の悪いローカル路線のほとんどを撤退し，高速バスに集中させているケースが発生している。

　高速バスは，鉄道と違い運行ダイヤの調整がほとんど必要ないために四国の中小都市からも直行便として大阪，神戸方面へ路線が設けられるようにな

り，JR四国のローカル線からも大阪，神戸方面へ向かう乗客を奪う状況になりつつあり，今後の動向を注意して見る必要がある。

　一方，多くの乗客で賑わうようになった四国の高速バスであるが，その運賃の値下げについても幾つかの意見がある。現在，大阪駅バスターミナルもしくは，阪急三番街バスターミナルから徳島方面への運賃は3,800円であるが，乗客の数から考えると需要に対して少し高いのではないかとの指摘がされている。確かに乗客の推移数を見ると路線開通当初より，かなり多くなっているように感じられる。開通以来10年間，そのままの運賃の状況は安定した路線経営を示しているとも言えるが，果たしてそれが良いものかとも感じるところである。関西に本社のあるバス会社は，利用客の状況により値下げは可能としながらも同じグループを組む四国内のバス会社は，ローカル路線の赤字の埋め合わせを理由にしてこのままにしたいと返答している。しかし，共同運行する路線であるが，四国内に拠点を持つバス会社担当の運行便がはるかに多いために，この意見も理解できるが，並行する路線を運行するJRバスグループは，先にも述べたように高速バス路線にシフトが進んでおり，さらに私鉄系グループと独立しているため，私鉄系に影響される必要も無いと考えられる。また，高速バスの収益が，鉄道経営の助けになるとは考えられないために，疑問が残るものである。この問題も含め今後の動向に注目して行きたい。

　ところで，このような人々の行き交う幹線交通と言っても過言では無い神戸，鳴門ルートの高速バスであるが，今後このままの状況で良いのかと言うことも気になる点である。当初の本四架橋計画では，第二国土軸と言う考え方があり，神戸・鳴門ルートにも新幹線鉄道が敷設される計画であった。現在，その名残として徳島県鳴門市と兵庫県淡路島を結ぶ大鳴門橋の下には，鉄道のための鉄橋部分がある。周辺の山にも一部新幹線用のトンネルが掘られて残っている。

　四国新幹線計画は，オイルショックに加え，国鉄の赤字問題，さらに，明石海峡大橋に鉄道を走らせることは，当時の架橋建設の技術において不可能とされ道路単独橋に変更された。このことにより神戸鳴門ルートの新幹線計

画は消滅することになった。もともと明石海峡大橋のある明石海峡を海底トンネルで神戸側から淡路島まで結ぶ計画もあったが，トンネルの最深部までが，かなりの急坂になるために当時の新幹線技術では難しいと判断された経緯もあった。そのため，神戸鳴門ルートは，鉄道の通らないルートとなってしまった。

　しかし，一方で，兵庫県淡路島と和歌山県との間に海底トンネルを建設する案が浮上しているが，その後，道路単独橋（紀淡海峡大橋）で兵庫県洲本市と和歌山方面とをむすぶ計画に変更される可能性がでてきている。しかし現実的には，新たな橋や海底トンネルの建設は，国家の財政赤字が膨らむ現在では，不可能と感じられる。しかし，これほど多くの高速バスが短い間隔で運行されている区間は主要幹線と言っても過言ではないと感じる。高速バスの高密度の運行は環境にも影響が大きい。そこで，何らかの政策が必要と感じられるのである。

　ところで，このような高速バスであるが最近変化が生じてきている。それは，国の政策によるものであるが，土曜と日曜の高速道路のETC利用者に対する普通車の高速道路千円均一割引である（平成23年6月終了）。この割引によって高速道路を利用する自家用車は，大幅に増えた反面道路渋滞を引き起こしていることは全国的に同じ情況である。しかし，高速道路を走る公共交通機関への影響は大きいものがあった。特に乗客の激減した路線の廃止やより身近な地区からの発車など工夫はしているものの今後，影響は残りそうである。これは，今まで順調に成長してきた全国の高速路線バスに大きな影響を与えるものになると考察できるのである。なぜ，高速バスを利用するかについては，やはり自動車で行くよりも割安であったということがある。しかし，千円均一料金ということは，ほとんど無料に近い状態である。

　四国の交通関係者は，「橋のみを渡る料金を特別に徴収するのはやめてほしかった，一般の高速道路と同じく距離料金で計算するようにしてほしかった」というのが本音のようである。今まで，高速道路の料金の高さを利用して成長してきた高速バスではあるが，ここで大きな節目を迎えることになる可能性があると考えられる。

民主党政権は，段階を経て高速道路の順次無料化を実現するなど，国家の道路政策が大きく変更されることにより影響を受けるのは高速バスのみではなかった。四国と本州を結ぶ航路は，本四架橋開通後も直下航路（架橋と並行する航路）以外はかなりの数が残っていた。しかし，高速道路の料金値下げにより壊滅的打撃を受け数年以内に四国と本州を結ぶ航路が全廃されるような様子が現れ始めている。この情況は，四国と本州の交通は近いうちに本四架橋のみに頼ることになる日はそう遠いものではないと考えられる。そこで本四架橋についての2つの問題を提起しておきたい。

　まず，そのひとつが架橋の修理費である。本四架橋は，海の上に掛かる鉄の吊橋であるためにワイアーロープなどの劣化や腐食を防止するために常に点検と修理工事がなされている。橋の安全性を考えるとその費用についても財政難が続く今日十分に国家が捻出できるのかと言う問題がある。また，これらの補修費用を架橋に直接頼る四国各県や兵庫，岡山，広島の各県に全面的に負担を求める可能性もあり，もしそうなれば本四架橋は各県に重い負担となる可能性がある。また，もうひとつの問題は橋の寿命である。本四架橋は，約1世紀の耐久性があると言われている。しかし，すでに瀬戸大橋は20年経過している。近い将来新たなる架橋を計画する時期もやがて訪れると考えられる。しかし，本四架橋の建設費はまだ完済されたわけではない。このまま本四架橋も含めて無料化が行われると将来大変な財政負担になると予想されるのである。また，これは，全国的な問題であるが高度成長期に建設された高速道路や一般道路の橋や高架道路については寿命が一斉に近づいていると言われている。しかし，昨今の財政難により国道に関する橋等の補修も遅れており一部には，すでに東京の首都高速道路では，大修理が必要なものや架け替えの必要なものが発生しているのである。今後，これらの補修や架け替え工事が全国で始まると財政を著しく圧迫するように感じられるのである。

　現在，高いといわれている本四架橋の通行料金は，橋の建設費はもちろんのこと，橋の修理と架け替えの資金もふくまれていると考えられている。本四架橋は，東京湾などの首都高に架かる橋とは違い迂回路がない。また，海

第3章　現代の公共交通機関をめぐる最近の状況

上を渡るために安全性が重要である。また，例え排気ガスが少ない環境対応の自動車が登場したといっても24時間絶えず走る自動車は，当然排気ガスを撒き散らしながら走行している。その点も考えなければならないと感じる。例えば，電気自動車のみ千円など一定の環境に配慮した政策もあってよいと考えられる。

　今後政府がどのように対応してゆくのか十分に考察する必要がある。また，それらの政策が単なる政争の具などにならないようにして欲しいと感じるのである[39]。

## 2　本州四国連絡橋の盲点の考察

　この数年の間に四国と本州を結ぶ航路は，大幅に縮小されている。さらに，近年発生した石油価格高騰は，船舶の燃料である重油を高騰させることに繋がった。さらに航路廃止に向けて決定的になった出来事としては，本四架橋の利用料の大幅引き下げであった。その影響は，四国と本州を結ぶ航路にとって徹底的な大打撃となった。この現状では，数年のうちに本四架橋のみが四国と本州を結ぶ交通となる日は近いと推測されるのである。そこで，本四架橋の抱える盲点について簡単ではあるが考察してみるものとする。

　平成20年度の，四国・本州間・九州間の各航路の輸送量をもとに前年度と比較した結果，全ての航路が前年を下回っている。特に落ち込みが大きかったのは，今治ルートの自動車航送台数で，前年度比を約13パーセントも下回っている。一方，旅客輸送人数は，4パーセント程度の落ち込みで留まっている。これは，自動車を利用できない利用者が多いことを意味している。この今治ルートは，各島の生活航路である証拠であろう。これらの航路を利用する人々は，高齢化や高校生など自動車の運転ができない人々が多いとも考えられる。この先例え本州四国連絡橋が無料になったとしても，これらの人々への恩恵はほぼ無いと考えられる。また，自動車航送の車種では，徳島ルートは乗用車が中心となりトラックの利用は最も少なくなっている。一方，観光バス等の航送については，八幡浜ルート以外は非常少なくなっていることが理解できる。観光は完全に架橋へとシフトしようとしていると考

表3-1：平成20年度　四国本州間の自動車航送数

| ルート | | 高松ルート | 多度津ルート | 今治ルート | 松山ルート | 八幡浜ルート | 徳島ルート |
|---|---|---|---|---|---|---|---|
| 自動車航送台数（台） | バス | 1,745 | 1 | 2,161 | 1,782 | 8,732 | 1,721 |
| | 乗用車 | 340,526 | 6,302 | 43,017 | 158,505 | 299,991 | 199,100 |
| | 普通トラック | 471,329 | 9,656 | 32,216 | 73,734 | 184,133 | 43,144 |
| | その他 | 37,219 | 1,835 | 293 | 1,083 | 0 | 5,980 |
| | 合計 | 850,819 | 17,794 | 77,687 | 235,104 | 492,856 | 169,945 |
| | 対前年度比（%） | 90.3 | 46.1 | 87.3 | 90.6 | 95.2 | 93.9 |
| 旅客輸送人員（人） | 実績 | 1,213,142.00 | 31,277.00 | 188,750.00 | 787,787.00 | 1,224,314.00 | 470,743.00 |
| | 対前年度比（%） | 91.2 | 28.9 | 96 | 98 | 95.8 | 96 |

出典　平成21年度　国土交通省四国運輸局発表統計資料より作成

えられる。

　本州四国間に残る航路の多くは，自動車航送を目的に運航されているために旅客の輸送だけでは航路の維持が極めて困難であり，減便や航路廃止が今後さらに進行することも考えられる。現実的に香川県高松市の高松港と岡山県玉野市の宇野港を結ぶフェリー航路等では，トラック等の夜間の利用が大幅に減少したため，大幅な減便が実施されている。この航路の最盛期であった1970年代には，年間400万台の自動車航送を誇った航路ではあるが，その存続は難しくなっている。また，多度津ルートは，平成20年度途中で廃止航路となっている。尚，宇野高松間の航路に関しても，フェリー会社2社が平成22年2月に相次いで廃止届を国土交通省四国運輸局に提出したが，地元の反対も多く数週間後に廃止届を取り下げている。しかし，今後の航路維持については不透明であり，いつ廃止になってもおかしくない現状である。

　一方，国の高速道路の政策転換は，今まで安定して一定の利用客を確保していた大阪・九州間の長距離航路にも影響を及ぼし21年10月より「阪九フェリー」が減便を実施しさらに12月より別府と大阪（泉大津港）間も減便となり大きな影響が現れている。これらの航路の減便や廃止は，地元の雇用にも影響を及ぼし船員の失業問題に何らかの対策が必要になる。

　上記の表3－1より四国全体の航路の利用者数は，前年より低下している

ことが考察できる。また，平成20年度の落ち込みは大きくこれは乗用車の高速道路ETC割引の影響が大きいものと考えられこの状況では近い将来すべての航路廃止もありうると考えられる。

　ところで，本四架橋は，瀬戸内海に面する各県に一本の橋が掛けられている。しかし，既存の航路のように各地域の必要に合わせて架橋があるわけではない。例えば，港から船で渡って対岸であっても，本四架橋の掛かる地点まで相当の回り道をしなければ橋の袂に行けない。また，橋を渡っても目的地まで相当戻らなくてはならず遠回りになる。例を挙げれば，徳島県と和歌山県である。紀伊水道を船舶で渡ればすぐ対岸であるにもかかわらず，本四架橋を利用すれば大阪府と兵庫県を経由する大変な遠回りである。当然，自動車の走行距離が増えるため二酸化炭素などの排出も増えることも問題である。このような状況は瀬戸内の各地で見られる。

　本四架橋は，尾道今治ルートの一部を除き高速道路仕様の自動車専用道路である。これは，計画当初より本州と四国は，高速道路と鉄道で結ぶと言う考えであったからのようである。そして，四国に架かる三つのルートより各地に高速道路が建設され四国内交通も高速道路中心にシフトする計画である。このような計画では，自動車が運転できない交通弱者には一層不便になる可能性が考えられる。島の交通を考慮した尾道今治ルートの中には，生活の橋として一部歩道付きの橋があるが，それも地上数十メートルにある橋を渡るために，かなりの階段や坂道を登らなくてはならない，交通弱者にとってはつらい橋である。今までは，港にたどり着ければ，渡し舟ですぐに対岸に行けたものが大変な労力を必要とするものになり高齢化が進む瀬戸内の島々の状況には合致していないよう感じる。

　さらに，建設機器などの特殊車両の一部は高速道路を通行できない為にフェリーは欠かせないものとなっている。近い将来本州と四国を結ぶ航路が全て廃航となった場合には，船をチャーターする必要があり四国の産業に影響が出るといわれている。一方では，せっかく本四架橋が島を通っても，まったく恩恵の無い島もある。香川県や岡山県の瀬戸内には島の上を瀬戸大橋があるにもかかわらず高速道路のインターチェンジも鉄道の駅も無い島が

ある。一部の島には緊急時のためのインターチェンジがあるだけで住民にはほとんど意味の無いものになっている島も存在する。

　また，児島，坂出ルートで唯一インターチェンジのある香川県の与島でも鉄道の駅は建設されなかった。その理由については，利用客の問題や走る列車についても計画当初は全て特急列車として計画されていた可能性が高く，将来は新幹線の通過も視野にあったと考えられるが実際の要因は不明である。

　このように考察すると本四架橋は，幹線交通には有効でもローカル交通には，十分には役立っていないと考えられる。しかし，これらの状況は，本四架橋の計画時点からの問題も含まれているように感じられる。建設計画より最高30年近くの月日と莫大な費用をかけて完成した本四架橋であるが，計画時点よりも人も町も数の上では少し外れたものになってしまったように感じる[40]。

　ところで，本州と四国の架橋計画の発端は，戦後から昭和30年代に相次いで発生した海難事故や台風や低気圧そして霧などの自然現象による欠航の発生により物流の停滞などから持ちあがった計画であった。特に昭和20年代から昭和30年代にかけて発生した重大海難事故は，四国の人々が本四架橋を国に訴える大きなきっかけになった。そのひとつが昭和30年5月13日に発生した「宇高連絡船紫雲丸衝突沈没事故」である。この事故では，高知県の修学旅行生を含む160人に及ぶ犠牲者を出している。また，この時期には徳島県の小松島港と和歌山県の和歌山港を結んでいた南海電鉄の子会社であった南海汽船が昭和33年1月28日に紀伊水道の淡路島沖で発生した，「南海丸沈没事故」は乗客乗員全員の168名が犠牲になっている。この南海丸沈没事故は，船舶に対する欠陥は見当たらず，沈没の直接の原因が神戸地方海難審判庁の2年にわたる調査でも明らかにはならなかった。その為，沈没事故発生の因果関係を「悪天候による風波と何らかの原因が疑われる」として結審されている。また，広島県の尾道でも海難事故が発生している。この事故は「第五北川丸事件沈没事件」と呼ばれている。この事故は昭和32年4月12日に発生し乗客112人と乗組員1人が死亡し49人が負傷する大惨事となった。この事故の原因は二つあり，その一つは，定員77名に対し230名もの乗

客を乗せていた定員オーバーである。その理由としては尾道の対岸の島（瀬戸田）にある耕三寺への観光客を大量に乗せたことが原因であった。さらに第二の原因としては，未熟な見習い甲板員が操舵していたことなどが原因であった。また，船舶も古く大正13年に進水した木造船で操舵が難しいことに重ねて，瀬戸内海の中でも海流の流れの速い海の難所であったにもかかわらず，船長が操舵せず乗客の切符の計算をするなどしていたことが明らかになっている。このような相次ぐ海難事故に加えて瀬戸内海は，春先になると濃い濃霧が発生し，度々停船命令が出されるために，欠航や海上での待機があり，宇高連絡船も海上で長時間停船することがあった。また，夏から秋にかけては，台風や低気圧による風波による欠航は，四国の物流を不安定にさせている要因であった。このような要因は，大手コンビニエンスストアーチェーンも四国への出店を架橋が完成するまで見合わせていたことで知られている。四国の人々にとっては，船舶の利用はもうこりごりと考える人は少なくはなかったのである。

　ところで，本四架橋が完成すると自然条件に左右されず，例え台風が接近しても四国に渡れる架橋の完成を四国の人々は心待ちにしていた。しかし，現実的には本四架橋も台風が接近して風速15メートルを超えると通行止めとなり神戸，鳴門ルートを走る高速バスなどの乗客が淡路島内のサービスエリアに最長5時間程度待機させられることも台風シーズンに入るとたびたび発生している。瀬戸大橋に関しては台風以外にも，季節風による列車の運行停止も発生している。このような列車運行停止に備えJR四国は，四国と本州を結ぶカーフェリーの運行会社に振替乗船できるように契約をしている。その理由は，強風で橋が渡れない悪天候でも，海ではフェリーが通常運行していることが多いからである。この状況はなんとも信じがたいが，本四架橋は20メートル以上の高さがあり余計に強風の影響を受けやすくなっているからである。また，船舶も大型化などにともない悪天候でも一定の安全運行ができるようになったこともあげられるのである。また，瀬戸内海の悩みである濃霧についてもGPSの利用などにより，濃霧発生時にも一定の安全運行が可能になりつつある。一方，神戸鳴門ルートの明石海峡大橋の袂で事故

が発生し，その影響による長時間の通行止めが発生したことがある。そこで，多くのトラックドライバーは橋を迂回するために当時，橋の直下で運行を続けていた明石（明石市）と岩屋（淡路島）を結ぶ（旧）明石フェリーにトラックが殺到し一晩で2万台近くを輸送する事態が発生したのであった。このように考えると本四架橋も完璧なものではなく何らかの補助的手段として船舶も必要性があるように感じられるのである。尚，明石と岩屋間のフェリーは平成22年11月より運行休止になっている。

## 第3節　公共交通が取り残された原因についての考察

### 1　運転免許返納制度が進まない原因を考える

　わが国は，きわめて早いペースで高齢化が進行している。それに合わせて交通事故の実態も変化し，若者の交通事故よりも高齢者の交通事故が目立つようになった。しかし，その多くは，身体の各機能の低下が原因である。最近では，高齢者が加害者となる事故も多くなり政策的に自動車の運転から引退させる政策が多く提示されている。しかし，実際自ら進んで運転を引退する人は極めて少ない。特に地方の町村では，運転免許を返納し自動車の運転から引退する人は少ない。その理由として，受け皿となる交通機関が少ないことや，公共交通も運賃が高く便数も少ないために不便であるからである。

　地方の公共交通の状況を悪化させたのは，直接的にはモータリゼーションであるが，さらに公共交通の規制緩和が地方の公共交通の撤退を促進させている。公共交通の規制緩和以後，赤字ローカル路線から撤退する鉄道やバスが急増した。特に過疎地域の地方のローカルバス路線は，目立って路線縮小が進んでいることが免許返納への不安につながっている。人は高齢になっても通院や買い物で近隣の町村にでかけることは多い。しかし，割高なタクシーを利用することは少ない年金等で生活する世帯にとっては厳しいのである。しかし，なぜ公共交通がこのような苦境に立ったかを考えると運賃問題が見え隠れしているように考察できる。これは鉄道，バス，そしてタクシーを含めて考えると見えてくるものがあるのである[41]。

## 2　公共交通の運賃の考察

　公共交通の代表であるJRグループでも，運賃に地域格差が早くから発生し，本州三会社と呼ばれる東日本旅客鉄道株式会社，東海旅客鉄道株式会社，西日本旅客鉄道株式会社などの本州の路線の運営にあたる会社と三島会社と呼ばれる北海道旅客鉄道株式会社，四国旅客鉄道株式会社，九州旅客鉄道株式会社などでは本州三会社と比べ全体的に割高な運賃になっている。これは，各会社の運営する路線の営業状態の差に合わせたものになっているからである。このような運賃格差は先に述べたように，国鉄が幹線と営業成績の悪い地方交通線の運賃を異なる体系にすることにより，大都市では大手私鉄に対して競争力のある運賃にすることが目的であった。しかし，その背景には繰り返された国鉄の運賃値上げにより，大都市では大手私鉄と競争にならないほどの差が開いてしまったことが原因である。JRグループの運賃は発足以来20年以上値上げがなされなかったことにより，大都市ではほぼ大手私鉄や準大手私鉄と十分に競争できる運賃となった。また，地方では中小私鉄よりもJRの運賃が安くなっている。しかし，これは，国鉄時代の赤字だから値上げする，この考え方が繰り返される度にさらなる客離れを生じさせている反省からであるように感じる。現代のようにモータリゼーションの進んだ社会では，移動手段として公共交通は，新幹線や離島の船舶のように特殊なもの以外は，自家用車で代替できるからである。しかし，路線に運賃的な競争力を持たせる目的のある本州会社に対して路線を維持するために運賃値上げが必要な三島会社とでは状況が異なっている。そのため第1章で述べたように分割民営化後に三島会社では運賃改定がなされている。

　ところで，公共交通の利用者を考察すると感じられることは，家族連れをあまり見かけなくなったことである。バスも地下鉄もほとんどが一人である。これは，休日でもあまり変わらない様である。なぜ一人でしか利用されないのであろうか，その理由の一つとして考えられることは，運賃の高さである。例えば名古屋市営地下鉄で3区程度の距離を家族4人（大人2人と子ども2人）で往復すると1,560円程度にもなる。ちなみに地下鉄の3区運賃は260円

である。尚，地下鉄の距離別運賃は，1区200円，2区230円，3区260円，4区290円，5区320円（平成24年7月現在）の5段階である。また，郊外から名古屋市内に来る場合は，他社線の運賃も加わりかなり高くなってしまうのである。実際に，旧尾西市付近の名古屋鉄道尾西線奥町駅から名古屋の栄に向かう場合には，大人は名古屋鉄道と名古屋市営地下鉄の運賃を合わせると片道640円である。そう考えると決して安いものではない。むしろ買い物に使えるお金の多くが乗り物の運賃に消えると言っても過言ではない状況である。わが国の公共交通は，個別の運賃は安くても接続する交通機関を乗り合わせることによって割高なものになっているようにも感じられる。なぜ，割高な運賃となるのか，その理由はわが国の鉄道の特徴にあると考えられる。わが国ではJR以外の公共交通は各社独立している。乗り入れを含めて複雑な例として関西の神戸地区がある。神戸市内には，準大手の山陽電鉄と大手私鉄の阪神電鉄，阪急電鉄を接続させるために建設された神戸高速鉄道がある。この鉄道は車両を一両も所有しておらず，路線のみを提供する特殊な会社である。この鉄道を通過する列車は全て乗り入れ列車である。しかし，複雑なことは，ここを通過するだけで初乗り運賃が運賃に上乗せされる仕組みになっている。その為に，併走するJR西日本の山陽線の方が安くなっている。複雑な乗換えのある場合について初乗り運賃については，一定の割引や家族割引等をもっと検討するべきである。

　大幅な運賃割引としては，名古屋市交通局の販売する，土日を対象とした一日乗車券「ドニチエコきっぷ」がある。これらは，毎月8日のノーカーデーにも対象となる。この「ドニチエコきっぷ」は600円でバスと地下鉄が乗り放題となる。この切符の販売の切っ掛けは市民からの提案であった。このような格安の乗り放題切符は，近年全国的に普及し始めている。しかし，特定曜日に限らず「西鉄バス」では，初乗り運賃を100円に大幅に引き下げを行った。そのため福岡市内では，バスの利用者を大幅に増加させた事例もある。しかし，公共交通の大幅な割引については，既存のタクシー会社や地下鉄等にとっては影響があるように感じられる。

　また，日本一安い運賃で有名な路面電車として長崎電気軌道が有名である。

この路面電車は，一乗車100円均一運賃であった（平成21年10月よりICカードを有するスマートカード導入と新車両導入などの設備拡充の資金調達のために120円に値上げされている）。この長崎電気軌道は，長崎市内の観光ルートを走るといっても過言でない。長崎市内にある沿線の多くは繁華街であり，途中に有名な観光地をいくつか通過するために観光の名物ともなっている。しかし，現地で感じることは，観光客以外に地元の利用者が多いことを感じるのである。長崎の町は市内の中心部以外は，坂が多く自転車では行きづらいと言う難点もあるが，路面電車は，交差点の信号もありまた，自動車に妨げられたりする。また，電停の停車時間と信号のタイミングが悪く，実際にはバスが横を走り抜けるという状況である。しかし，早いから利用するというのではなく便利であるから利用するといったように感じられる点が多い。日中は，5分から10分程度の間隔で運転され待ち時間は数分程度で苦にはならない。また，運転系統が複雑なために乗換えサービスも実施されている。しかし，路面電車に乗ることに抵抗のない理由として，運賃が安いことであると感じる。これは，利用客の乗車距離を観察すると良くわかることであるが，短距離の利用客がかなり多いように感じられるのである。これは，明治時代の「軌道法」に定める路面電車の軌道敷設の目的であった。街道を歩く人に対しての補助的移動手段という本来の目的を今でも果たしている証拠でもあると感じられるのである。

　長崎電気軌道のような事例を除きわが国の公共交通機関は，初乗り料金が高いといわれている。初乗り料金が高いということは，短距離の利用客は乗るのを控えてしまう原因の一つではないのかと感じられる。近年，地下鉄等では初乗り料金は高いが，逆に距離別運賃がそれほど高くない状況がある。その原因は，初期投資が高く乗客1人あたりの単価を引き上げることが目的のようにも思えるが，乗客が伸び悩む結果は，その辺りにもあるように感じられる。このような状況は，関西の大手私鉄にも見られ全区間通した運賃と中距離運賃が30パーセント程度しか変わらないという状況がある。これは，国鉄の分割民営化後に，JRの本州三会社の運賃値上げがなかったことが原因である。国鉄の分割民営化後に大手私鉄はJRと逆に運賃値上げが

続いたために運賃差による競争力が大幅に低下したことが要因と考えられる。そのために，全区間通しの運賃を抑え，比較的利用客が多く，他の交通機関に流れにくい中距離区間の利用客の運賃を値上げしたからある。しかし，このような運賃体系が公平かつ妥当なものであるかは，疑問が感じられる。一方，なぜ大手私鉄は値上げに踏み切ったのかその原因は，鉄道経営のみでなく関連事業を含めた諸問題も絡まっているように感じる。また，大手私鉄の急激な値上げが相次いだもう一つの原因は，運賃値上げが簡単に認められなくなる新たなる規制に合わせて駆け込んだ形での運賃値上げもあったように感じる。現在では，施設の拡充など鉄道事業に関する設備改善目的がない限り運賃改定は簡単に認められにくくなっている。この理由は，90年半ばから後半にかけて大手私鉄が数度にわたる運賃値上げを実施したことが理由の一つになっているように感じる。

ところで，JRグループの本州三会社も発足以来20年間以上（消費税等の税制改正による運賃上乗せ分の改定を除き）運賃改定のない状況は，本当に妥当なものかは判断しづらい。国鉄時代の相次ぐストライキトと運賃値上げで私鉄の2倍近くもの運賃格差が発生し乗客を失っている経験上やむを得ないとも考えられる。しかし，今後，運賃を再び見直すこともそう遠くは無いと感じるのである[42]。

### 3 料金徴収システムについての考察

近年，公共交通機関では，多くの場合現金以外の料金徴収システムが採用されている。また，ほとんどの地区で複数の事業者間を共通の利用できるカードを導入する事例も多く見られる。これらのカードは，磁気カード式のものと電子カード（ICカード）のものがある。磁気カード式のものは早くから導入されている。一方，電子式カード（ICカード）方式のものは近年，急速に導入が始まり利用事業者が拡大している。電子式カード（ICカード）方式の導入の切っ掛けは，カード一枚あたりの発行金額は高いが，多くの機能が利用できることや磁気カードのようにカードそのものが残金の記録になるシステムを利用した不正利用が目立ってきたこともあった。ところで，カー

ドの利用は，定期券以外の一般の利用客が多い首都圏などでは切符の回収の量も削減できることにより合理化にもつながっている．一方，自動改札機の保守点検を考察すると，一般の磁気方式でカードを読み取る改札機は，一旦カードを改札機の中に吸い込み磁気面を読み取るものであるが，その保守点検や故障修理を考えると大変不合理なものになる．しかし，非接触式の電子式カード（ICカード）では，カードそのものから出される電波情報を改札機側の読み取り面に近づけるだけで情報を読み取り出札作業が終了することにより，改札機の保守点検作業や故障が無くなり効率化が期待できる点に加えて利用客もカードをいちいち定期券入れや財布等より取り出す手間もなく早く改札を通過できることは通勤時間帯の駅の混雑緩和にも有効である．

ところで，これらのカードは，私鉄の場合では，系列のバス会社などでは乗り継ぎ割引が設けられ一定時間以内にバスに乗ると一定の割引が受けられるものが多い．また，利用金額についても券面に表示されている金額と実際に利用できる金額とでは，10パーセント程度多く利用できるようになっている特徴がある．一方，カードが導入された事業者の中には，回数券が廃止されているケースが発生している．

カードの利用については，小銭の要らない便利なカードとして大都市では公営交通機関と私鉄の相互利用が普及している．さらに近年では，鉄道事業者と関連会社バス会社等の参加も加わり地域全体に普及している

ところで，ICカードは多くの規格が一時期乱立していた．これはカードの各メーカーがシステムとともに利用事業者に納入していたことも要因の一つであるが，地下鉄，私鉄，JRの共通利用ができない不便も発生していた．また，JRグループ内でも東日本旅客鉄道の「スイカ」や東海旅客鉄道の「トイカ」，西日本旅客鉄道の「イコカ」などでは共通利用が近年までできなかった．また，関東の大手私鉄系ならびに都営，東京メトロを含めたカード「パスモ」とJR系のカードでは共通して利用することができなかったが，その問題も現在ではシステムの改良により共通利用が可能となっている．一方，カード普及については地域格差が顕著になりはじめている．その理由は，営業地域が広いJRグループは，未だにこれらのカードを導入できない地域

もある。例えばJR四国の路線では，自動改札機が導入されていないために，これらのカードの利用は不可能である（09年の時点）。また，これらのカードを導入することの必要性がない地域も存在しているのである。特急列車以外は，幹線である土讃線（高松，多度津，須崎）や予讃線（高松，宇和島）でさえ高松市や高知市，松山市近郊以外は一日のほとんどが一両のワンマン列車で運行されている状況である。このような乗客の少ない地域では多額の費用を掛けて導入してもその効果がないと考えられる。これらのカードは地方都市までに完全に普及することは少し時間が必要に感じる。しかし，そのようなJR四国でもICカードの導入は本格的に検討されている。特に瀬戸大橋と直結する予讃線，土讃線の沿線に対してJR西日本の「イコカ」をベースに開発が進められている。また，高松地区と松山地区には私鉄ならびに関連会社を中心とするバスが相互利用できるカードがすでに導入されている。また，JRグループではカードを相互利用できるようにシステムの改善が完成しつつある。全国で共通してJR系のカードが利用できるようになることは，交通系のカードとしては大きな勢力とはなる。

　ところで，国鉄時代からオレンジカードなどのような磁気式のカードが発売されていた。しかし，交通系の企業が発行するカードは，単なる運賃の支払いシステムであった。運賃清算のみに利用するならばJRグループで統一したシステムよりも各社の都合に適合した規格にするほうが有利だと感じられる。しかし，現在の「スイカ」などは多機能であり，電子マネーとしての役割を持つように進化してくることになった。例えば「スイカ」が大手家電量販店などで利用できるようになった。また，駅構内の店舗や駅周辺のコンビニエンスストアーなどでも利用できることや全国の大都市でも次第と共通利用できるようになりはじめている。また，カードの情報機能を応用した利用方法としては，関東の大手私鉄の一部には，セキュリティも兼ねあわせたICカードの通学定期付きのセキュリティカードも存在している。これらは，学校の構内に設置された入校チェックにも利用され登校下校の記録にも利用されている。当然，駅構内の店舗や周辺の店舗さらに大手コンビニエンスストアーなど交通系カードの利用は広がりを見せてきている。

誰もが利用する交通系のカードは，利用範囲広がれば当然，便利さゆえに普及率も高くなると考えられる。ICカードも導入の当初は，過去のオレンジカードと同様に運賃の決済に過ぎなかったシステムが，本格的に多目的利用がなされ始めるようになった。将来的には，最も普及率の高いカードに完全に規格が統一されていくように感じる。また，これらの交通系カードは，普及率から考えると首都圏では他の電子マネーを駆逐する可能性もあると考えられる。その理由としては，首都圏では，誰もが鉄道に乗るために気軽に利用するカードだからである。今後，電子マネーとしての金融機関のひとつに成長する可能性も感じられる。そうなれば，鉄道の新しい副業として鉄道会社の安定した収入源になる可能性がある。一方でこのようなICカードにも統一が難しいものがある。それは利用率に合わせてポイントを付与するシステムである。これらは，回数券を廃止した関係より導入された例が多いがこれは各社共通にすることは難しい。2012年4月（平成24年4月）より相互利用が可能になったJR東海の「トイカ」と名古屋市交通局と名鉄が中心となって導入した「マナカ」であるが，JR東海の「トイカ」には利用ポイントがまったくつかないという問題もある。また，ポイントについては利用率に反映されて後日付与されると言う問題がある磁気カード（旧ユリカ）時代には確実に利用金額に応じて付与されていた付帯利用分が明らかではなくなっている。これは，通勤に利用する場合に矛盾が生じている。労働者の中には定期での通勤が認められない場合，最低ポイントが付与されるまでのひと月間は100パーセントの運賃を労働者が負担しなくてはならない状況となっている。また，使用者側（会社など）が支給する交通費は一割のポイントがついたものとして計算されるため結局は労働者は，初めのひと月間は1割分自己負担となるのである。ポイントがつくまでのタイムラグがなぜあるのかについては，その理由は事業者によってポイントの付与には慎重であることが原因である。また，カードは交通事業者以外にも加盟店舗で利用できることもあり，そのポイントはさまざまであることも原因として考えられる。これは，通勤用として利用されるのは定期カード以外にないという事業者側の発想であり，実際に回数券を通勤に利用するという考えが余りなかったと感じ

られる。しかし，フリーターや非正規労働者が多くなった今日では，複数の事業所に勤める人が多くなりつつある。JR東海は「トイカ」導入後も回数券販売を続けていることは一定の配慮がなされていると感じられる。「マナカ」のポイント制度には早期に何らかの改善を試みるべきである。一方，事業者によっては付与されるポイントが統一されていないことや店舗での利用を含めると大変複雑なものになっている。さらにポイントが付与されてからカードに取り込むまで1年間と言う有効期限も疑問がある。複雑多様化する多機能のカード利用ポイントについて今後も状況を考察してゆきたい[43]。

# 第4章　持続可能な公共交通の考察

**はじめに**

　公共交通の運営方法には，大きく分けて公営で行う方法と民営そして第三セクター（三セクとも略される）で経営を行う方法があることは広く知られている。しかし，多くの地方私鉄などでは，独自に経営が成り立ちにくく，民営でありながらも公共団体からかなりの補助金を受けて発生した赤字を補填し続けてきた。このように間接的に公共団体が公共交通を支えているのが現状である。しかし，地方公共団体は，財政難のためこれ以上公共交通を支える補助金を出しつづけることが不可能になりつつある。そこで，今後，どのような方法をもって運営を続けるかを最後に考察するものとしたい。

　近年，公共交通を確保するために以前より営業を続けていた事業者に補助金を提供するのではなく，地域の必要にあわせた交通機関を新たに設立するという方法が全国的に広がり始めている。そして，設定した交通機関に運営が委託できる事業者を募る方法が広がり始めている。これらの交通機関は，住民福祉が第一の目的であり，収支を考えず必要最低限の交通を確保することである。その具体的な例の一つとして地域循環バスを運行することである。

　ところで大手私鉄の誕生時期を考察すると，その黎明期には鉄道を支える副業の存在があった。例えば，愛知県の知多電気鉄道（現名古屋鉄道，常滑線）や京阪電鉄などの電気供給事業は，その例の一つである。しかし，現代における公共交通機関の副業に関しては，規制の枠を除いても沿線開発以外には大きな利益をもたらすものは考えにくいものである。

## 第1節　地方交通を考える

### 1　再建を試みる地方私鉄

地方中小私鉄の中には，積極的にローカル線を支えるために懸命な努力をしている鉄道がある。
　その一つは，千葉県の銚子市にある銚子電鉄である。この鉄道は，全長6.9キロメートルのローカル鉄道であるが，その生き残りを掛けて駅での店舗運営や地域の名物「濡れせんべい」を全国にインターネットを通じて販売するなどの増収の努力を続けている。インターネットの地域名産の販売は好調で鉄道の中心駅の「仲ノ町駅」に2008年（平成20年）に訪れた際には，駅の事務所から待合室に至るまで全国に配送する荷物が山積みの状況であふれていた。また，地域観光の拠点犬吠埼駅には，地域の名産品を販売する店舗が駅内に設けられ積極的に観光客に販売している状況であった。また，途中の駅には鯛焼きを中心に軽食を販売する店を設けたりしている。鉄道の運賃は，割高であるが，600円の一日乗車券や観光マップなどもあり，ローカル私鉄としては行き届いたサービスをしている。しかし，その状況は厳しく廃止か存続かの瀬戸際にいつも立たされている。
　また，元私鉄を買い取り地域の足として再建中の福井県の「えちぜん鉄道」や香川県の「ことでん」がある。両社は元中小私鉄であった。
　えちぜん鉄道の前身は京都に本社のある京福電気鉄道であった。しかし，老朽化した設備にあわせて二度にわたる重大事故を起こし営業停止処分となり廃止が検討されていた。しかし，突然の営業停止処分で通勤通学の足は大きく乱れることになった。系列会社の京福バスが代行運転をしていたが沿線の交通は混乱することになった。そこで，福井県が中心なとなって京福電気鉄道に代り鉄道を運営し再建したものである。ところで，下り坂でブレーキが故障し衝突脱線事故を起こした永平寺線は，利用客が見込めないために再建されず廃止とされた。京福電鉄時代に一度乗車したことがあるが，永平寺線は，普通列車としながらも途中駅の乗客が一人もいない区間が続くために勝山から終点の永平寺までノンストップで運転している状況であった。平日の午後5時前後であるにもかかわらず，通勤通学客が一人も乗らない状況であった。使用していた車両は，南海電鉄が戦前に製造したものを譲渡されたものであったが，古いものであった。

京福電気鉄道の経営撤退後，この鉄道は大きく変化することになった。新しくえちぜん鉄道として再建された鉄道は，日中の運転には，車掌のほかに女性のサービス旅客案内専門の車掌が乗務するようになった。そして観光客に沿線の案内を丁寧に行っている。また，車両も愛知環状鉄道からの比較的新しい冷房つきの中古車両を導入するなど，乗客サービスや輸送改善に努めている。

　一方，香川県には「ことでん」がある。以前は，高松琴平電鉄として民営で運営されていた。高松琴平電鉄時代は，経営の苦しさから駅舎の設備や車両に関しては，驚くほど老朽化していた鉄道であった。高松琴平電鉄は志度線，琴平線，長尾線に加えて系列の八栗ケーブル，屋島ケーブル，琴電バスなどが系列にあった。高松琴平電鉄は，四国内では最も長い80キロメートルの営業距離を誇る鉄道であった。しかし，ターミナル駅である瓦町駅の再開発に伴い，駅ビルのテナントとして「そごう」デパートが入居するが，入居後短期間でそごうデパートが破綻した。ビルのテナントの核店舗を失ったことにより，高松琴平電鉄はビル建設の負担分の債務を抱え民事再生手続きをとることになり破綻し，高松琴平電鉄の歴史は閉じられることになった。その後，香川県が県内の交通としては欠くことのできない鉄道と位置付け今日まで再生の道を歩んできた。地方私鉄としては比較的乗客は多かったが，駅や車両は余りにも古く早急に改善が必要であった。そこで，大手私鉄の中古車両を譲渡してもらい大幅に輸送力の改善を行った。さらに，車両の冷房設備の設置率の向上などを行い現在に至っている。

　一方，和歌山県では大手私鉄の南海電鉄が廃止したローカル線（南海貴志川線）の再建にあたっている「和歌山鐵道」がある。この鉄道は南海貴志川線時代では毎年8億円程度の赤字が発生したことや南海本線と直接接続していないこともあった。どうしてこのような路線が存在したかの理由は遠く鉄道国有化の時代に遡るが，旧阪和電鉄（現JR阪和線）との関係が原因であるが，その歴史的内容は本論より離れるためにここまでにしておきたい。

　ところで，和歌山鐵道の再建には，地元の鉄道に対する情熱があった。そしてもう一つ再建の専門家として和歌山県より遠く離れた岡山県の両備グ

ループも携わり再建が行われている。車両は南海電鉄が撤退時に譲渡したものであるが，実用本位の通勤型電車を大幅に改造し地元に密着したものになっている。また駅も南海電鉄時代のような一般的な駅ではなく駅に住み着いた猫に駅長を命名したり話題作りに励んでいる。

　ところで，私鉄の再建に関しては，大変難しいと言われている。それは，鉄道用地の所有の問題やその他の問題が絡むこともあり，大変困難であるといわれている。また，それ以外の問題として，岐阜市にあったの名鉄岐阜市内線廃止に対して，その再建を計画した段階で頓挫した理由の一つであるが，どこまで市町村が経営に参加できるかと言うことに加え，住民の熱意が最も重要であることであった。名鉄岐阜市内線を調査した両備の社長も「地元の積極的な鉄道を残すという熱意があってこそ鉄道再建の道が開かれる」と語っている。尚，名鉄岐阜市内線の廃止については諸外国から立派なトラムとなりうる路線の廃止として批判も受けている。このように官民一体となって鉄道再建を図る事例は今後も増加すると考えられる。そこで現在運行されている地方ローカルの公共交通について，最後に考察してみたい。

## 2　コミュニティバスについての考察

　現在，全国各地において地域循環バスが運行されている。その多くは，自治体が支援しているものが多く一部には，積極的に自治体が介入して行っている事例も少なくない。地域循環バスについては，その多くが既存のバス路線があったものが廃止された後に路線を引き継ぐ形で運行されているものや，それに加えてより地域を細かく循環するようにコース分けをしたものなど，さまざまな工夫がなされているようである。

　利用する車両は，運行する自治体が直接購入する事例は少なく，既存のバス事業者に委託という形をとるケースが主流である。一方，運行するバス車両については，中型バスを運行する場合もあるが，さらにそれよりも小さいマイクロバスを利用している。これは，やはり細かく地域を巡る為には，普通車自動車幅程度の車幅のバスでない限り運行が難しい細道が多いことや乗客の人数も平均するとそう多くはない為，燃費の良い車両が有効であると考

えられるのである。また，もっとも過疎の進んだ地域などでは小型のワゴン車（通称ジャンボタクシー）を利用したものがあり，既存のタクシー会社が代行して運行するという形を取っているものもある。しかし，このような地域循環バスについても問題はいくつかある。その一つとして考えられることは，このような過疎地域の自治体がどこまでこれらの地域の福祉サービスを続けて行くことができるのかが不透明である。

　このような地域循環バスは，過疎の町に限らず全国の大都市でも運行されている。その例として，名古屋市内周辺の比較的人口の多いみよし市で運行されているバスを考察する。運行本数は一日あたり8便から10便程度であり，運行間隔は1時間半に一本程度で通勤，通学時間帯に限っては40分程度の間隔で運行されている。利用されている車体は，みよし市の場合は，ミニバスタイプと呼ばれる小型バスである。このような小型車両は名古屋市交通局が市内循環バス753号系統（名古屋駅，らんの館，名古屋駅）のために導入しているがそれと似たタイプである。運行会社は，みよし市の場合は「つばめ交通」に委託され運行されている。

　みよし市の場合は，一乗車が100円均一でありかなり安いものとなっている。また，11枚綴りの回数券が1,000円で車内販売されており，一回分多く乗車する事が出来る。

　運行区間は，名鉄豊田線黒笹駅を起点に三好ヶ丘駅からアイモールジャスコ三好店を経由して三好市役所，みよし市民病院を経由して明智下公民館へ向かう交流路線と名づけられたコースとそれ以外には生活路線と名づけられた路線がある。その生活路線は，名鉄豊田線黒笹駅を起点として三好ヶ丘駅を経由して，しおみの丘，三好高校，みよし市民病院，みよし市役所，アイモールジャスコみよし店を経由して福田児童館へ向かう二径路がある。生活路線と交流路線との違いは，交流路線が比較的広い道を中心に走るが，生活路線は道幅が5メートル程度の住宅地を走るようなところもあり，より地域に密着した生活路線と感じる。これらの路線以外に小型マイクロバスで三好ヶ丘の新興宅地のみを巡回するコースが朝夕のみに合計一日10回程度運行されている。これもつばめ交通が運行している。ところで，みよし市のコ

ミュニティバスは特定のバス停からバスの通らない地域へのサービスとして，乗合タクシーが連絡されている。この乗合タクシーに接続させるには，循環バスの車内より運転手が無線で連絡をとり到着する予想時間を告げタクシーを待たせる仕組みとなっている。タクシーとの連携が迅速に行われるのは，バスを運行する会社がタクシー会社であるからでもある。ところで，乗客が，乗降する時，運転手に挨拶をする風景が見られる。この地域循環バス（さんさんバス）を大切にしている乗客の思いが理解できる。

　ところで，乗客の数は，朝夕は立ち席が発生するほどであるが，日中や夜間は，5人から10人程度の乗客を運んでいる。運行経路が長いために全区間乗車する乗客は皆無である。このバスの必要性は地域の足であるということは間違い無いが，もうひとつこの町が抱える問題が見えてくる。それは，先にも述べたようにみよし市は，この10数年余りに急激に人口が増加した町である。しかし，この町の問題点は急激に人口が増えた名鉄豊田線付近と国道153号沿いの旧市街とでは大きく差が見られている。

　新しく人口の増加した町には，多くの人口が移り住み新しい町が形成されたが，その反面，旧市街地とは関係が薄く，むしろ周辺都市の名古屋市や豊田市との関係が強い傾向がある。また，学校に関しても高校へは，みよし市や東郷町の高等学校を選択せず，名古屋市内の私立の学校に行く傾向が強いと地元関係者は話している。確かに実際朝のラッシュ時，名鉄豊田線の三好ヶ丘駅や黒笹駅には，名古屋方面のホームに名古屋市内の私立学校の制服を着た高校生が電車を待つ姿が多く見られるのである。また，みよし市には大学も3校のキャンパスがあるが，全て名鉄豊田線沿線であるためにみよし市の旧市街地に学生が訪れることがないのも現状である。一方，みよし市の旧市街地と新興住宅街の広がる三好ヶ丘付近では，世帯あたりの所得にも格差が生じているとも言われている。これは，新興住宅街を抱えるどこの自治体にとっても同じであるが複雑な問題でもある。

　みよし市の地域循環バスが走る区間には，元々名鉄の路線バスが運行されていた。しかし，すでに廃止になっており，新たなる公共交通としてこの地域循環バス（さんさんバス）をみよし市が設定した。ところで，みよし市の

地域循環バスは，採算が取れているとは考えられない。ちなみにみよし市には，日進市の赤池より豊田市に向かうバス路線が2本運行されている。しかし，距離的には，地域循環バスと似た区間でも割高な運賃になっている。今後，このような地域循環バス運行を続けるかが課題となると考えられる。実際にみよし市の近くにある日進市の地域循環バスは，コースによっては200円に値上げされている[44]。

### 3　異業種の企業が地域交通を支えている事例

　第2章にて桃花台新交通の廃止の事例を取り上げ考察してきたが，大手私鉄の駅に接続し住宅地に直結する鉄道として桃花台新交通に類似した路線を運行している民営の公共交通機関の事例を紹介する。

　この路線は，千葉県佐倉市の京成本線ユーカリが丘駅に接続する全国でも数少ない民営の新交通システムである。この路線は，全長4.1キロと短く，単線運行されている。この路線を運営する事業者は交通機関の運営では無縁の不動産業者である。そこでこの「株式会社山万」について紹介する。

　株式会社山万は，昭和26年（1951年）大阪で繊維卸売業として創業し，昭和39年（1964年）には関東に本社を移し，その際に総合繊維卸売業に併せて不動産業を開業した。翌年の昭和40年には，神奈川県に湘南ハイランドの開発に着手し，昭和43年（1968年）に建設業の免許を取得している。その後，昭和46年（1971年）にはユーカリが丘ニュータウンの開発に着手している。その後，昭和53年（1978年）12月に鉄道事業の認可を取得し，翌，昭和54年（1979年）12月に新交通システムの建設に着手，昭和57年（1982年）12月には，最初の区間のユーカリが丘～中学校前間2.7キロを開業させている。また，接続する京成電鉄も新駅ユーカリが丘駅を同時に開業している。昭和58年（1983年）9月には，全線開通となり鉤形の環状式の路線が完成し住宅地を一周する路線が誕生した。

　この新交通システムは，朝夕のラッシュ時間帯に5分～7分間隔で運転されるが，閑散時間は時間当たり3本程度運転されている。路線は，全区間200円均一運賃に定めている。この新交通システムは，住宅地を一周しユー

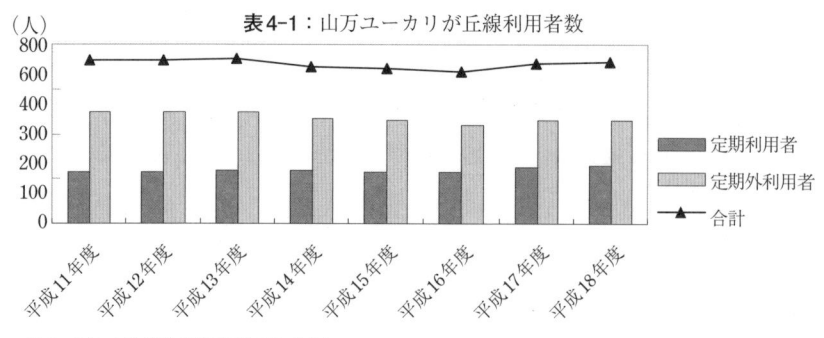

表4-1：山万ユーカリが丘線利用者数

出典　国土交通省関東運輸局統計資料より http://wwwtb.mlit.go.jp/kanto/cgi-bin/youran_cgi/list.cgi

カリが丘へ戻る鉤型の路線である。この路線の沿線には観光施設はなく，乗客はそこに住む住民の足である。また，この新交通システムはこの開発地のシンボル的存在でもある。

　この路線の特徴は，先にも述べたように鉤型の環状形路線である点である。路線はJRで言えば一駅程度にしかならない距離だが，山万ユーカリが丘線には駅が多く設けられ，中学校や公園などのコミュニティ施設に接続するように駅がある。また，環状形式で運転するため終点が始発駅である。しかし，この路線は，距離が短い分，徒歩や自転車による移動による影響を受けやすい。路線の途中，並行する道路には雨にもかかわらず自転車で移動する人々の姿を多く見かけられた。しかし，この路線は，鉤型になっているため，実際住宅地付近までは，直線の路線で駅もない状況であり，住宅地に入って一周する間に駅が多くある仕組みである。また，環状になる直前の駅では，交換が出来る仕組みになっておりラッシュ時には，逆周りの電車と交換できる仕組みになっている。

　同線の一日あたり，利用者を考えると定期外利用者が多いことが分かる。しかし，全体的に利用客の合計を示しているが，平成16年度に若干の落ち込みはあったものの一定の水準で推移していることが理解できる。一方，全体的の伸びが鈍化しているが，これは先にも述べたように同線は短距離路線であるがゆえに自転車等の移動手段でも十分にショッピングセンターが集

中する京成電鉄ユーカリが丘駅付近に行くことができるということであった。しかし，定期外利用者が多い理由については，この鉄道が通勤通学の足となっているのみでなく，地域に溶け込んでいるとも考えられる。家から出かける時はこの新交通システムを利用するということが定着しているようである。

　一方，この新交通システムの今後の展望については，先行きは分かりにくい点がある。それはこの新交通システムの利用客数は，この地域の住宅開発と繋がりがあるということでもある。今後，住宅地の開発がどのように進むかがこの路線の将来を決めることになろう。

　ところで，この路線の親会社「山万株式会社」もこの新交通システムの経営に対しては，現在のところ問題にしていない。むしろ山万ユーカリが丘線は，開発と宣伝の一環として町のシンボル的な役割を果たしているように考えられるのである。

　ところで，この山万ユーカリが丘線の今後について考察すると，この新興住宅地は今も開発が進行中であるために今後，人口増加が進めば乗客も増える可能性がると考えられる。京成ユーカリが丘駅に隣接する高層マンションの下には，山万の不動産関係のショールームがある。2009年（平成21年）夏に私が現地に赴いた時には，平日でしかも雨天であったが，それにもかかわらずショールームを訪れる人が幾人かいたことより開発がまだ続いている様子が感じられた。

　ところで，最近のニュータウンの問題として高齢化があげられる。愛知県内でも近年，高蔵寺ニュータウンなどで人口の急激な高齢化が進行している現状が報道される。当然，開発着手から40年近く経過したこのユーカリが丘についても例外ではないようである。しかし，株式会社山万が近年行っている事業に住み替えと言う画期的な事業を展開している。子育てが終了し子供が独立した世代では，部屋の多い大きな家の必要がなくなる。そこで，老後の夫婦二人暮らしのための小さい家に住み替えるという方法を推奨しているのである。そして，中古となった物件を新たに若い世代に販売するというシステムを行っている。このようなニュータウン内での住み替えが進めば，

地域の急激な高齢化を和らげることができると考えられる。このような住み替えと若い世代の流入が続けばこの山万ユーカリが丘線の役割もなくなることはないであろうと考察できるのである。このように開発業者が継続して積極的にニュータウンの開発を続けることや管理運営を行うことにより山万ユーカリが丘線のような住宅地に密着する交通機関を生かし続けられるのではないかと考察できるのである[45]。

## 第2節　今後の地域交通を支える方法の考察

### 1　交通権について考える

現在の社会では，自動車の運転ができる人とできない人の差は，大き開いてゆくばかりのように感じられる。しかし，自動車交通が中心となる社会では，今後進行する少子高齢化に対応するために車社会から公共交通を含む総合的な交通体系を創る必要を迫られる時期が到来すると強く感じられる。その理由は，車を持てない人，そして運転出来ない人が大量に発生する可能性があるからである。そこで，車を運転できない人の交通権確保のために何が必要かを考えた上での社会資本の投資が必要になると感じるのである。また，わが国で止め処なく長い間行われてきた道路整備などのハード的なインフラ整備から，今度は道路をどう活用するかを考える，ソフト的な政策が必要となる時代が到来すると感じる。

ところで，ソフト的な政策は，既存の交通機関である鉄道やバスに合わせて自家用車も含めた地域全体の交通のあり方を考える必要がある。例えば，道路交通と鉄道を有利に使う方法として鉄軌道と道路の両方を走ることができる新しい乗り物（LRV）が北海道で（平成19年）に実験された。このようなLRVなどについては，全国の第三セクター鉄道や地方私鉄などでバスへの乗換えなしに自宅の近くまで走る交通機関として十分な効果を発揮する事が期待できるために，全国の第三セクター鉄道の関係者に注目され北海道の実験の後に，全国各地の過疎地域の鉄道から実験要請があり，中部地区の明智鉄道で短期間の実験が再度行われた。

この実験では幾つかの問題が指摘されたが，現在の法律では事業免許の違いにより，鉄軌道上の運転手と道路上の運転手を必ず交代させることが義務付けられるなど規制の壁も指摘されている。さらに実験された（LRV）はマイクロバス程度の大きさであったために，明智鉄道では高校の通学に支障が出る可能性も指摘された。今後，規制の問題や車両の大型化を含め課題は多いものとなっている。ところで，このような新しいシステムの導入には，以前より存在している公共交通機関との調整やその地域のタクシーなどにも影響が懸念される。そのことも含めてどう進めるかと言うことも重要であると感じられる。ところで，（LRV）の検証実験はその後JR四国などでも取り行われたが導入に向けての具体的な進展は余り進んでいないように感じる。その理由として考えられることは輸送力や事業許可の違いなどもあり複雑であることも一つである。しかし，複雑な許可を取っても結局は鉄道の横を走る道路と違いがなく道路渋滞さえなければ，複雑な許可を得てまでして運行する必要があるのかと言う疑問にたどりつくのである。

　ところで，過疎の進んだ山村などでは交通機関の存在すら厳しい状況になっている。そこで，過疎地域を定期的に走る貨物事業者のトラックを利用した貨客混合輸送も視野に入れることが必要になる可能性が考えられる。ただ，旅客と貨物の混合輸送に関しては，既存の交通機関を侵さないようにすべての公共交通機関が撤退した地域を限定したものにする必要が考えられる（特に，乗合バスなどの公共交通機関が残る地域を侵さないように配慮するためである）。これは，公共交通の利便性を高めるのでなくあくまで最低限度の交通を確保するという目的である。また，もうひとつの提案として，地域を限定し，そこを走る自家用車に他人を便乗させるという制度も検討すべきであるように思える。当然，安全面等の課題があるが，それをクリアーすることができると過疎地の交通問題の解決手段となる可能性が高いと考えられる。但し，これは，ボランティア的なことを政府の政策として一定の強制力をもって行うということになるので，政府が国民に理解を求める積極的な政策が必要である。

　近年，国民の新しい権利として交通権を主張する動きが高まっている。こ

れは，比較的交通に不便を感じない大都市と不便を感じる過疎の地域との格差が拡大し，危機として感じられるようになったからと考えられる。自動車は私的交通手段であり，誰もが利用できる交通手段としては，不十分である。しかし，今後，進行する高齢化は，大量の交通弱者を発生させることになる。自動車が運転出来なくなった時，過疎地域ではどのようにして暮らしてゆくかと言うことである。政令指定都市のように何とか公共交通への支援の財源が確保できるような自治体の場合は，この先も辛うじて公営交通が運営できる可能性もあるが，財源の乏しい地方の自治体では，今後も公営交通などを続けられるかどうかは不明である。

## 2　鉄道の利点を考察

　公共交通への財源が確保できそうな都市の自治体であっても，実際にはかなりの赤字を抱え財政運営が厳しくなっている。また，地方公共団体への新たな規制として「財政健全化法」の施行によって財政上の問題はより重くなった。この「財政健全化法」は，北海道夕張市などの破綻に伴い地方公共団体の財政について，一定限度の財政赤字を越えると国から財政再建団体とみなされることである。しかし，この法律の特徴は，公共団体本体の財政のみでなく，関連する公営企業や第三セクターも含めた連結決算になることより地方では，公営交通事業のみならず，赤字経営の水道事業などのいわゆるライフラインも含められるために大変厳しいものとなっている。今後，公営交通事業も厳しい選択を迫られることになるであろうと予測できるのである。

　ところで，公共交通として鉄道とバスどちらがよりふさわしいかと考えるとやはり鉄道である。バスは，公道を走るために周辺道路の混雑に巻き込まれることが多い。また，天候によっても大きく左右されるのである。例えば，愛知県内の名鉄バスの運行状況を例にとると，愛知県内の日進市にある名古屋市営地下鉄鶴舞線の終点，赤池駅から豊田市行のバスにおいては，天候の良い日には交通渋滞などの影響は少なく順調にバスは運行されるが，雨天の日の朝は自家用車での送迎が急増し，赤池駅付近の道路は大混雑となる。特に混雑する午前8時前後では，バスが駅前ロータリーを出るのにも5分以上

もかかることがある。さらに，国道に繋がる二車線道路はかつての狭い旧国道であるが，市街地から国道153号バイパスへ繋がる数少ない道路でもあるために，日常的に自動車が集中するが，雨の日にはそれに加えて，赤池駅に送迎した自家用車の帰路となり国道に戻る車で激しく渋滞が続き，結局バスが赤池駅を出発して国道に出るまでの約700メートルに15分という時間がかかる時も発生している。また，事故や工事，などバスの運行を妨げる要素は非常に多く安定した定時運行は難しいのが現状である。また，朝のように乗り降りの多い時間帯は，各バス停に停車する時間も長くなり所要時間はさらに長くなる可能性がある。また，もうひとつの問題としてバスが停留所から国道の車の流れに戻るときも必ずしも車列に簡単に戻れないことである。その理由は，どの車のドライバーも朝は急いでいるからである。

特殊な事例として愛知県の名古屋市内には，基幹バスと呼ばれるものがある。これは，道路の一部をバス専用レーンとして終日利用している。バスの停留所も道路の中央に常設の立派な待合所があり，路面電車の電停と類似している。また，各停留所は交差点付近にあり，信号に合わせてバスがスムーズに発車できるように工夫されている。しかし，そのような特殊な例を除き，全国的に路線バスに対しては，何の配慮もなされていないというのが現状である。

鉄道からバスに輸送転換を図ったがさらに乗客を減らした例として茨城県のJR石岡駅から旧鉾田駅を結ぶ関東鉄道バスの事例がある。もともとその地域は，関東鉄道グループの鹿島鉄道がその区間を鉄道で営業していたが，累積赤字により終に鉄道が廃止された。鉄道の廃止後，関東鉄道バスがその地域の交通を担うことになったが，鉄道時代よりも大幅に乗客が減っていった。その理由は，朝の道路渋滞であった。バスの利用者の多くは，地元の高校生や首都圏に向かう通勤客であり，しかし，バスの延着が毎日のように続くために，高校に毎日遅刻するという事態が度々発生した。そのため，バスの利用を止めて自転車や自家用車による送迎に多くの乗客が変更したことが原因であった。しかし，同じ区間を走るのに自家用車がなぜ早いかというと，それは走る道路の違いである。バスなどの公共交通機関は，決められた

渋滞の多い国道を経由しているが，自家用車は自由に経路が選択できるために，生活道路や農道などを走ることができ，渋滞した国道を走るよりも早く到着することができるのである。それに比べると，バスは公共交通機関であるために，営業認可を受けている渋滞の多い国道しか走行できないためである。バスは，機動性があってもその力を十分に発揮することはできないのである。現在このバス路線は旧鹿島鉄道の廃線跡に専用バス道路を一部設けて対応している。このような状況は，高速道路を利用する高速バスについても同じことが言えるのである。高速バスの場合も高速道路の流れが順調なときは良いが，高速道路が渋滞する朝や夕方，また慢性的に渋滞を起こす首都高速道路などは，そこを通過するのに20分から半時間程度の余分な時間が掛かることになる。さらに，高速道路のインターチェンジを降りて以降の一般道路では，一般のバスと同じく目的地の市街地にあるターミナルまで相当の時間が掛かる場合もある。最近では，実験的に首都圏に向かう高速バスに対して首都圏に入る手前の駅に停車しそこから鉄道への振替切符を発行し定時到着を支援する実験がされている。乗客は乗換駅に到着すると振替券を運転手に請求して鉄道に乗り換えるシステムである。乗客は，そのまま渋滞にまぎれ遅れるバスに乗車し続けることもできる。これは，高速バスと鉄道の新たな組合せを考える上でも興味深い実験である。この実験の結果次第では，全国的に普及する可能性もある。

　一方，九州には一般路線バスのみで九州の東西を横断するルートもある。そのルートは宮崎県の延岡から途中高千穂を経由し熊本に向かうルートである。このルートにはかつて延岡から高千穂まで約54キロメートルの第三セクター高千穂鉄道が存在していた。しかし，過疎の山岳の町を結んでいく路線である為に経営が苦しく，さらに台風で大きな被害を受けたために復旧を断念し廃止となった。その代わりにこの地域には，宮崎交通が運営する路線バスが強化され40分程度に一本程度運転されるようになった。中には，大幅に停車する停留所を少なくした特急便も運転されている。利用客は，主に延岡市内に通学する高校生である。しかし，中間点の高千穂は観光地でもあるために多くの観光客が日中は乗車している。バスの便数ともに十分なダ

イヤである。一方，高千穂から熊本県側にかけては，途中から第三セクター阿蘇高原鉄道の高森駅までは人家の少ない曲がりくねった山岳路線となるが，高森駅以降は，熊本平野を走り熊本空港を経て熊本市内の熊本駅に向かうのであった。かつて，国鉄時代には高千穂線と高森線（現・阿蘇高原鉄道）を結ぶ計画があり，新線としてトンネル工事も始められていたが，国鉄の赤字の増大に加え地下水の豊富な地域であるためにトンネル工事は難航を極め，結局工事は凍結され現在に至っている。この区間の現状を考察するとバスでも良いように感じる点は多いが，熊本空港の付近から熊本市内へ通じる道路の混雑は激しく約半時間程度の遅れを出している便もある。この点が大変気になる所でもある。確かに熊本市内へは阿蘇高原鉄道とJR九州の肥薩線を利用すれば一定の定時到着は可能でもあると考えられるが，高森線の本数から考えればスムーズにはゆかないと考えられるのである。

　ところで，廃止された宮崎県の第三セクター高千穂鉄道には復活案もあった。台風による大きな被害を受けた区間以外に残った区間で，観光鉄道「高千穂あまてらす鉄道」を復活させるという提案がなされ会社も設立されていた。しかし，この考えは地元にも期待はあったものの，宮崎県は第三セクター高千穂鉄道の完全清算を早期に進めた結果2009年度（平成21年）末までに清算が完了した。その結果，観光鉄道「高千穂あまてらす鉄道」は実現に至ることはなかった。尚，資産として残った鉄道施設等のうち，鉄道車両については，傷みの激しい車両は全てJR九州に依頼し解体された。状態の良い1両は，徳島県の第三セクター「阿佐海岸鉄道」に譲渡され，残る2両はJR九州が引き取りイベント用として改造され現在も利用されている。なぜ，これほどまでに早期清算に踏み切ったかの理由については明らかではないが，考えられることとして，今までに高千穂鉄道が出した累積債務の問題があり，「財政健全化法」の関係より早期に清算すべきと判断されたように感じる。宮崎県は財政上豊かな県ではないことは広く知られているが，走らない鉄道をいつまでも放置しておくと，管理地の管理費などの経費がかさむことにより清算を急いだものと考えられるのである。

# 終　章　わが国の社会システムから鉄道の
　　　　必要性を考察

## はじめに

　わが国の社会の特徴は，非常に時間に対する考え方が厳密であることは広く知られている。その関係を円滑に実現するには，鉄道の存在は重要であると感じるのである。その事情を考察しつつこの考察を締めくくることにしたい。

## 第1節　地域交通をめぐる状況

### 1　地域交通をめぐる変化

　わが国では，一定時間に一定場所に人々が集中する傾向がある。最も混雑の激しい首都圏では，各交通機関は，時差通勤を奨励している。しかし，通勤，通学によるラッシュは相変わらず発生している。この現象については高度成長期に人口が大都市に集中したことが原因と考えられるが，少子高齢化が進行した現在であっても相変わらずの状況である。このような通勤ラッシュに関しては，レベルに違いこそあるものの地方都市でも一定の混雑は見られる。その理由を考えるとそのひとつは学校にあると考察できる。特に高等学校は，中学校のように学区内の学校に通うというわけには行かない。自転車等で通学できるところはよいが，6キロメートル以上の距離となると大変厳しい通学になる。また，自転車以外の乗り物の利用に関しては，わが国で長期間続けられている教育運動である「三無い運動」や「四無運動」により，高校生の二輪車免許取得が全国的に原則禁止されていることにより公共交通機関を必然的に利用することになる。しかし，この運動は，交通安全に効果的なものとしては疑問視する声も根強くある。実際に高校生の通学時に発生する交通事故中には，通学中に加害者となった自転車による死亡事故も発

生している。最近では，自転車の性能が良くなったこともあり，下り坂では，自転車でも時速20キロメートル程度で走る姿をバスなどの車窓より見かけるようになった。また，最近ではバスを降りたところを高校生の歩道を走る自転車と接触する事故が多いために，バスの運転手が乗客に対して降車時に注意を促している。しかし，なぜ高校生はそれほど速く自転車で走るのか疑問であるが，その原因としては大都市であっても郊外には交通機関がない事情やさらには，朝の通学時にはバス等があっても，帰りにはバスが2時間近くないという地域もある。これは，地域交通の崩壊が原因とも考えられる。

また，昔は一本のバスで通えたが，コミュニティバスに変更されたために別路線に乗り継ぐ必要が発生している地域もある。これは，コミュニティバスの欠点でもある。コミュニティバスは，地域を越えた接続には消極的である。一日に数本しか運転しないコミュニティバスは，乗り継ぎの接続が悪く交通渋滞等で遅れると発車するので，最低一時間半は運転されないこともある。これでは，通学には利用できない。つまり，一般のバス事業者の運営するバスとコミュニティバスは接続を基本的に考えないのである。そもそもコミュニティバスは，地域の足が目的であり市町村を越えた接続に関しては，行政上の管轄外であるために手を出すこともできないのが現実であろう。実際に通勤や通学また，通院のために他地域のコミュニティバスとの接続や乗換え場所までの延長を要望する声は先述したみよし市のコミュニティバス「さんさんバス」にも多く寄せられている。特に豊田市の運営するバスとの接続を要望する声が多いようだが，その対応は現時点のシステムでは難しいとの見解である。これは，思わぬところで縦割り行政の問題が発生しているようにも感じる。

## 2　通学時間帯について考察する

ところで，わが国の社会システムのひとつの学校等では，例えば，高等学校の始業時間は全日制の場合8時半前後が多く9時を過ぎる学校はほとんど存在しない。その理由は，50分6限ないし7限のカリキュラムをこなしたあとで部活動や補習授業を実施するためには，この時間帯にはじめる以外に方

法はない。始業時間を早める方法はあるとしても朝の補習や生徒の通学範囲から考えるとやむをえない時間帯である。また，もうひとつの特徴としては，遅刻が1分たりとも許されない特徴がある。これは，社会全体の傾向でもある。わが国は，学校に限らず職場でも一斉に仕事を始めるという傾向がある。しかし，その反面，終業時間について統一していない。これは，担当部署によって異なる事情があることや企業間によって差こそはあるもののかなりの割合で残業が実施されていることを感じる。一時期，大手企業の中には始業時間を一時間遅らせる会社やフレックスタイムなどが話題となったがそれも聞かれなくなっている。

一方，もう一つの特徴としては，日本社会の時間に関する考え方である。わが国では，鉄道は勿論のこと時間に対する考え方には，大変厳しいものが存在する。工場でも決められた時間に決められた労働力と決められた材料が届いていることが前提で作業が開始される。また，途中搬入されてくる材料についても時間が決められており，決められた時間に届くシステムになっている。つまり，必要なときに必要な分だけが届くという仕組みになっているのであることは広く知られている。しかし，いつからわが国の時間に対する考え方が現在のようになったかは定かではない。

江戸時代，時計は，武士などの上流階級にしか持つことが出来ない高価なものであった。多くの庶民が時間を知る方法は，寺院の梵鐘の音で知るのみであったといわれている。当時は，細かい時間についてはどこまで気にしていたかは不明であったと考えられる。現在では，時間は人の生活の中に浸透し人々は逆に時間に動かされるようになったとよく言われている。当然，時間を無駄に使ってよいと言うわけではないが時間のために動かされ，そして時間に追われて生活をすることが何を招くかを考察すると，それは集中して交通渋滞を発生させたり，交通事故の発生にもつながっていると考えられるのである。


第2節　自動車による貨物輸送と交通事故

### 1　トラックによる交通事故についての考察

　わが国の公共交通機関は，世界でも誇れるほどの安全性と時間の正確さを誇っている。しかし，それは交通にかかわる事業者の絶え間ない努力の成果である。しかし，事業者がどのように努力を重ねても路線バスのように周囲の環境に大きく影響される交通機関は，公共交通事業に携わる人々の努力の範囲を超えているのである。物流の世界では一定時間内に荷物の配送が出来ない場合は，ペナルティを払うことはよく知られているが，しかし，道路事情はトラックドライバーの経験のみで解決できるものではない。その為に，混雑した道路でかかった時間を取り戻すために，高速道路や比較的走り易い道路で取り戻すということは，かなりの無理な運転を行うことである。

　当然，トラックドライバーは渋滞がないと推測して速度を出して運転するが，思わぬ渋滞が発生しているところに止まれずに大型車が渋滞の最後部に衝突し，多重衝突や火災炎上を含めた死亡事故を多発させる原因でもある。

　ところで，高速道路に関しては，本来「第二東名」や「第二名神」の建設は，大型トラック車専用の道路に限定する計画があったが，それも実現されてはいない。しかし，何トンもの荷物を積むために頑丈に設計された大型トラックに対して，燃費向上のために軽くしかも薄い鉄板で造られた乗用車が高速道路や高規格道路で大型トラックと一緒に走ることは，危険であることは広く知られている。大型トラックと乗用車による重大事故が発生することは当然のことと考えられる。この問題の解決には，より多くの道路が必要となるために分離は大変難しいものである。

　ところで，ここで大きな矛盾点として気づくことは，所要時間の不明確な道路輸送に細かい時間設定をしていることである。なぜ時間が設定されたのかという背景は，旧国鉄にも原因がある。そもそも荷物については，高度成長期以前は，国鉄の鉄道貨物が運んでいた。国鉄貨物は全国各地の工場に引き込み線を持っており，そこで製造された製品のみならず材料の鉄や石炭，石油，石灰や木材（チップ）その他薬物系の危険物までもが輸送されていた。名古屋市内にも多くの引き込み線があった。その一つの例として現在のイオンモール鶴舞の用地にあった，サッポロビール名古屋工場にも引き込み線が

あった。その，引き込み線は中央線大曽根駅構内に入口があった。この路線の輸送目的は，サッポロビール名古屋工場で製造された製品を貨車に積んで各消費地に配送することであった。これ以外にも名古屋市郊外では，東海道本線の清洲付近の沿線には，麒麟ビールの工場があるがそれも清洲駅から引き込み線があり，毎日ビールの積み出しが行われていた。しかし，これらのビール輸送も製造するビールの質が変わり，より品質が高いものを消費者が好むようになったことに伴いより早く消費者の手元に届ける必要がありトラック輸送に切り替えられている。

現在，名古屋市とその周辺の鉄道貨物輸送は激減しているが，現在でも続けられている石灰輸送については，三重県の三岐鉄道が東藤原駅に隣接した「太平洋セメント」の工場より産出した石灰石を名古屋港にある火力発電所で熱加工するための輸送を行っている。しかし，このような石灰の輸送も全国的に少なくなりつつある。

ところで，なぜ，鉄道貨物からトラック輸送に切り替えられていったかの原因については，多くの要因があると言われており，その代表的な要因の一つとしては，輸送距離である。わが国で輸送される荷物の多くは，中距離輸送の範囲にあたり，およそ1,000キロメートル未満が多いことはよく知られている。この距離であれば，自動車輸送でも十分に対応できる距離でもあるからである。実際，鉄道貨物が威力を発揮するのは長距離輸送である。距離が短くて少量を鉄道で輸送することは，発送地から発送駅へまた，到着駅から目的地への頻繁な貨車からトラックへの積み替えの時間を考えると，荷役の手間がかからない自動車輸送が，安くしかも速く運べるのである。また，荷物の量についても石炭輸送が終了した現在では，大量で重い荷物は少なくなり，少量で多品種な荷物が多くなっている。このことは，わが国の鉄道コンテナ輸送を考察すると理解できる。コンテナの主流は，5トンコンテナである（近年では10トンコンテナも多くなりつつある）。これは，わが国の鉄道が大型のコンテナは鉄道の規格上輸送できないということにあわせて，そこまでの需要がないとも考えられる。そもそも，なぜ国鉄貨物がコンテナ輸送を始めたかは，従来，集配列車のように小型の貨車をヤードで方向別に組

み替えることによる非効率な作業を少なくすることにあった。重くて価値がそれほどなく，しかも，大量の貨物としての代表は，炭坑から運び出される石炭輸送がそのひとつある。この輸送はかつて九州や北海道にあったが，現在ではこのようなタイプの貨物輸送はほとんどなく唯一残っている石灰輸送も次々に自動車輸送に切り換えられてきている。わが国では，現在の貨物の輸送単位は5トンから10トン程度で十分であることが伺えるのである。

## 2  大型トレーラーによる事故について考える

ところで，毎日海外からコンテナ船に積まれて到着する輸入貨物は，国際標準の大型コンテナである。鉄道では，その大きさと重さよりわが国の鉄道では規格に合わないために輸送できないのである。しかし，現在わが国ではこのような大型コンテナをトレーラー式のトラック輸送で陸上輸送している。これはトレーラーの上にコンテナを載せて牽引車が引っ張る特殊な輸送方式である。しかし，近年，そのトレーラーの横転事故が相次いでいる。原因はコンテナ内の荷物の偏りがカーブを曲がった際に遠心力を強めるために横転するというものである。しかし，この事故はひとたび起こると大惨事となる。首都高速の事故では橋梁から宙吊りに成ったコンテナから積み荷が落下して一時騒然となったことや，名古屋では乗用車が横転したコンテナの下敷きになり2人死亡という事故が発生している。しかし，その原因は，トレーラーの運転手がコンテナとトレーラーをロックする作業を車両の片方しか行っていないことが事故の直接の原因でもあった。しかし，それ以外にも原因として考えられることは，道路にもあると考えられる。海外から荷物を積載してくる大型コンテナの規格は，わが国の道路にとっては，規格外の輸送である。首都高速道路でも急カーブが多く例え制限速度内で走行しても，そのような大きなトラックの場合は危険な情況になることも予測できる。さらに，輸送時間が決められているために，ドライバーは，法定で定められている安全作業が十分になされないままに走っていることや，さらにコンテナの中身を空け検閲する行為の禁止などによりドライバー自身がコンテナの中に何が詰まれているのか，また荷済みの状況も把握できず運転しているなど矛盾点も多

終　章　わが国の社会システムから鉄道の必要性を考察する

すぎるのである。

　ところで，なぜ規格外の大型のコンテナを道路で輸送しなければならないのか，そこがわが国のトラック輸送の問題点である。当然ながら陸上輸送の主流がトラック輸送に偏る傾向は現在のままでは考えられないのであるが。なぜ，鉄道輸送が荷主から嫌われたかという点は，国鉄のストライキが多かったという原因のみならず，より安く運んでもらえるように値段交渉ができたことでもある。しかし，それは，公共の道路を走行し荷物を運ぶために，到着時間が不安定になることは当然であるにもかかわらず，荷主側の要求は，正確な到着時間を求めさらに高度な輸送を期待する傾向がある。このような傾向は，貨物の輸送のみならず，旅客輸送に関しても格安高速バスを求める乗客も同じように感じる。確かな到着時間を求めるならば鉄道がもっとも安定していることを再確認しなければならないのである。

おわりに

　近年，整備新幹線事業が東北や九州地区に進行している。新幹線は航空機以外では追随できない高速輸送が可能であるために公共交通の独占が可能である。また，貨物輸送の多くを自動車に奪われた鉄道にとっては，もっとも有効な収入となることは間違いない。新幹線が完成した昭和39年には，すでに鉄道輸送は，マイカーの増加によりその地位は明らかに低下していた。しかし，新幹線の開通により，鉄道は，自動車ではできないことがまだあることを示し，高速大量輸送の機関として鉄道の地位を保つことができた。
　ところで，東海道新幹線が開通したころは，わが国の大幹線でもある東海道本線の別線（東海道本線にもう2本増線）として新幹線がつくられたのであった。東海道新幹線が開業した当時，東海道本線も多くの長距離旅客列車があり，新幹線と切り離すことは難しいものであった。しかし，近年開通した，新幹線の区間は，特急列車で通過する乗客以外は，乗客の少ない区間である。乗客の利用目的も短距離を移動する高校生の通学や通勤以外には利用客がいないという地方ローカル線に近い区間である。例えば，すでに開通している。東北新幹線の盛岡・八戸間やさらに2010年（平成22年）12月に延長開業をした八戸・新青森間では東北本線の利用客は，特急列車で東京から訪れる乗客以外はローカル輸送のみである。このような情況は，九州新幹線の現在の始発駅でもある新八代から川内までの旧鹿児島本線を運営する「肥薩おれんじ鉄道」などでは大変厳しい経営にさらされている。もともと地元の足として鹿児島本線の経営からJR九州が撤退後に運営を引き継いだものであるが，鉄道は九州特有の交流電化がそのまま残されているが，肥薩おれんじ鉄道で使用する車両は，軽快気動車と呼ばれるディーゼルカーである。運用のほとんどが一両単行のワンマンカーである。しかし，なぜ電車を走らせないのに電化用の架線を残しているかの理由は，この区間を通過する一日数本の貨物列車のためである。そして，その貨物列車の通過料金がこの鉄道の

主な収入源の一つとなっている。実際この肥薩おれんじ鉄道で始発から終点まで乗車する乗客は少なく，各地域の主要駅から数駅程度しか利用する乗客しかいないのである。直通客を失った鉄道の経営は困難を極めている。また，沿線には水俣を含め熊本や鹿児島県の主要な町が点在するが駅前の賑わいは少ない。逆に，新たに出来た新幹線の駅付近にホテルや店舗が建設され始めていた。鉄道開通以来の駅前の商店街町は，危機に瀕してきているようにも感じるのである。理想的なのは在来線の駅に隣接して新幹線の駅が出来ることであるが，なるべく短路ルートを走る新幹線については，今まで考えられなかったような郊外や山野に新幹線の駅を建設しなくてはならないことはやむ得ないことである。しかし，駅前が寂れて町をつくり直すのでは，意味がないような気がするのである。今後の整備新幹線計画は，北陸新幹線の延長などがなされようとしているが，今度は北陸地方でこのような状況が発生することも考えられる。

ところで，新幹線開通に伴い第三セクター鉄道を設立して運行を引き継ぐ形は，長野新幹線（北陸新幹線）開業からである。しかし，その営業区間の設定についても疑問があげられている。長野新幹線（北陸新幹線）開業に伴い信越本線廃止後その運営を引き継いだ「しなの鉄道」であるが，信越線の運営を完全に引き継いだわけではない。つまり最も乗客のいない区間のみ引き継ぐ形となっている。実際に人口が多く利用客が見込まれる長野市近郊に位置する篠ノ井駅から長野駅間は現在もJR東日本が運営を続けている。本当に経営の厳しい区間を引き継ぐのみでは，第三セクターとして将来的に経営破綻に結びつくことが十分に考えられるのである。

これから全国のいたるところでJRの旧本線を引き継いだ第三セクター鉄道が誕生することになると考えられるが，その鉄道が破綻し廃線となる場合には，影響を受けるのは当然地域住民である。しかし，肥薩おれんじ鉄道のように，その線路を通過利用しているJR貨物は，今後どのような対応を考えているのか大変疑問である。自動車に輸送転換するという方法もあるが良い方法とは言い切れないと感じるのである。

ところで，新幹線に貨物列車を走行させることが出来ないかという問題に

## おわりに

対して一つの技術的解決策が見え始めてきた。今後，北海道へ新幹線が延長される区間に新たに青函トンネルが加わることになったが，これは現在の青函トンネルを走る軌道を新幹線の走れる標準軌道にする工事が進められている。工事は現在トンネル内に敷かれている在来線の狭軌軌道の両端に新たに増線する複雑な工事である。しかし，その工事が完成したとしても速度が違いすぎる在来線の貨物列車と同じトンネル内を走ることはきわめて難しく新幹線の速度を大幅に落として運転することになり，さらに貨物列車の本数も一日50本程度走るために新幹線本来の性能が出せないとの指摘もある。また，二種類の軌道を整備することはJR北海道にとっては負担が大きすぎるとしてあらゆる対策を考えてきた。そこで開発された新技術として新幹線の車両の中に在来線の車両を乗せるという「カートトレイン」（TOT）が開発されようとしている。この方式の実用化が可能となると青函トンネル内に限らず新幹線の利用方法の幅が貨物にも広がる可能性がある。また，もう一つの方法として少量の荷物ならば新幹線そのものに荷物を載せて運ぶという方法も検討されている。これは，その昔，国鉄時代に行われていた鉄道荷物輸送と似た点がある。ところで，東海道新幹線が開通した当時新幹線には，コンテナを中心とする貨物列車を運用する計画があった。しかし，その実現には，強力な機関車が必要なことや重い貨物列車が高速で通過するときの騒音や振動の対策が難しいことに加え，到着後，在来線へのコンテナの載せ替えの手間を考えると特定の区間以外には効果が薄いと考えられた。また，東海道新幹線では旅客列車の増加によりダイヤが空かなくなったことなどでこの計画は途中でたち切れになっていたが，また，新幹線の貨物利用の意見が復活する可能性がある。特に東海道リニア新幹線が開通以後，東海道新幹線のダイヤに余裕が出来てくると新幹線の新たなる利用として本格的に検討できるのではないかと期待したい。

　現在，陸上交通の主流は鉄道ではなく自動車輸送である。自動車は機動性に優れまた運用に制限がないために自由にどこへでも人や荷物を運ぶことが出来る便利なものである。また，車社会がもたらしたものは，自動車産業の発達による雇用の促進や自動車の輸出による莫大な経済的効果をもたらし

た。しかし，自動車は，負の出来事として交通事故をもたらしている。毎年交通事故では多くの死者を数えているが，これに後遺症による死者を加えると，その数ははるかに大きいものになるといわれている。現実的に諸外国では後遺症による死者も含めた統計を打ち出している。しかし，交通事故が発生しても，これらは事故を起こした加害者である個人の責任を追及するのみでよほど大きい事故が連続して発生しない限り交通のシステム的な見直しにまで及ぶことはほとんどなかった。しかし，国民はなぜ自動車交通を選択したかの理由としては，それは，効率化を図るためであると言い切っても過言でもなかろう。それは，便利さを追求することである。しかし，その便利さは，どこかで矛盾が生じているのを考えなくてはならないのである。しかし，残念なことに近年は，鉄道自体にも経営効率化の元で事故が発生している。例えばホームからの転落事故がなぜ相次いだのか，もその一つである。また，さらに死者100人以上の大惨事となった平成17年に発生した福知山線脱線転覆事故もJR西日本の効率化の末に発生したともいわれている。

　当時のJR西日本は，他の私鉄との競争に明け暮れ安全性についての考えは気薄になりかけていた。事故区間以外についても列車の速度超過の警告装置が設置されていても，基準よりも速く設定されていたこと等がミスとして報道されていた。しかし，実際に事故以前にも駅手前での急な減速や分離器（ポイント）の通過速度が高く車内で転倒する事や大きく揺さぶられることが気になっていた。また最も危険な福知山線のカーブ区間には「ATSP」（列車自動停止装置）がつけられていないなどの不備があの惨事を引き起こしたことは間違いない。当時の責任者はこの度立件されることになったがその数名のトップが全ての責任なのかという点でも疑問に思う。確かに直接の責任はトップにあった。しかし，在来線で常識外れの早さを期待した社会自体にも問題があるように感じる。一方，当時のJR西日本では退職者の増加により大量採用に踏み切っていた。そして私鉄では考えられないような短期間で運転手を育成していたことが新聞等の報道で明らかになったが，未熟な運転手が業務に運転することは，会社にとっては何らかのメリットもあったのではなかろうかと感じるのである。しかし，これは鉄道会社のみの問題ではな

く，社会全体が奇妙な効率化へ向けて動きその影響が私たちの生活に及んできているように感じる。

しかし，わが国の社会システムとして時間の正確さを要求することは，わが国が長年培ってきたことである。他国では，鉄道の時間も不正確であることはよく聞かれた。時間に正確であるということは誠実さや信頼の証でもある。しかし，近年感じることは，この勤勉さが後に大きな惨事を招くきっかけになっているようにも思える事故が多いように感じる。それは，時間の正確さを期待してはいけないものに対して過度に期待し欲求しているからではないかと感じるのである。

高校生の自転車事故の問題を述べたが，最近自転車で危険な行為をしているのは，高校生だけではない。最近，歩道や車道で信号無視をしてかなりの速さで走り去る社会人をよく目にする。それらは，自動車が赤信号で止まっている隙間から信号無視をして交差点に突入してくる危険な状態である。また自転車は，音がほとんどしないために接近していることが歩行者にわかりづらく危険である。また，近年，道路交通法が改正され，自転車も車道を走るよう指導されているが，そこに矛盾があり車道はすでに自動車で飽和状態である。一方，自転車と自動車の機能的な差は大きく制動距離の差や，加速力のことなる自転車は，ドライバーから見ると危険そのものである。ところで，自転車はなぜそんなに速く走るのか。自転車通勤は，一見健康のためにとのように思えるが，自転車で通勤するすべての社会人は，そうではないようである。実用的に早く職場や目的地に到着しようと努力しているケースもある。バイクも燃料高騰が続いて燃料費も安くなくまた道路交通法改正で二輪車の駐車違反が厳しくなった。また，二輪車の駐車場は大都市では自動車に比べて少ないといわれている。また，一方では，会社からも十分な通勤費用が出されているとは限らない。そのために出来るだけ正確な時間に遠くの事業所まで無理な移動をしているように感じる。このような無理な自助努力を社会全体が求めているようにも感じるのである。

ところで近年若者が自動車離れをしていることがよく言われるようになった。なぜ若者は自動車から興味がなくなっているのかそれは理解しにくい。

確かに近年でも自動車に特に興味のある若者も少なくはない。それらの若者は法令に触れる寸前までの自動車の改造や法令に触れる運転などを行っている。しかし，そのような若者を除くと全体的には，自動車をそれほど求めなくなってきている。その理由として考えられることは，若者の交通事故急増を背景に任意保険の保険料が高額になっていることもあろう。しかし，もうひとつは，自動車に乗って出かける魅力がないと感じられる。風景等であればいつでもインターネットで見ることもできることやライブカメラで今，現在の映像までが楽しめるようになってきている。また，実際に地方に出かけても面白くなくなってきていることも感じられる。全国どこに行っても同じようなものが販売されていたり，みやげ物も実はその地方で製造されたのでなく，大都市で製造していたりされていることがテレビ報道などで明らかになっている。また，地方の独特の文化は衰退の危機にあり，出かけた地域で見るのは，元気のないその町そのものである。また，地域の特産品や文化は大都市に進出しあまり珍しいものでないのである。

　もうすこし別の面から観察すれば，若者にとって旅の醍醐味は出会と感動である。しかし，最近では，インターネットのブログやその他でも出会えるのである。このように考えると，家から出る必要があまり感じられないのである。さらに，自動車の維持費についても保険料や車検さらに駐車場の代金から考えると自家用車の維持費は高いものである。しかし，20代の若者の多くが非正規労働者であり，車を維持できるだけの経済力がある若者はそうは多くないと考えられるのである。このように考えると，比較的公共交通が発達している大都市では，自動車をわざわざ購入する必要はなく，レンタカー若しくは，数人のグループで自動車を維持管理していくカーシェアリングでもよいと感じるのである。

　わが国の公共交通について考察してきたが基本的に感じることは，公共交通は，二分化しているように感じる。それは，東海道新幹線や首都圏などの大都市の交通のように公共交通が市場として成り立つものと地方交通のように市場としては成り立たず，住民福祉の意味が強い場合があるからである。しかし，このような二重構造は，日本国有鉄道の分割民営化の時点より予想

されたことと感じられる。それは，国鉄の分割の方法として旅客会社を本州会社と三島会社に分離させた理由である。国鉄分割民営化の当時は，その地域に根ざした鉄道をキャッチフレーズに広告宣伝をしていた。しかし，その後バブルの崩壊や低金利政策などによって分割民営化時に受けた経営安定基金の金利も少なくなる状況である。また，JR以外の私鉄も大都市ではJRと競争を繰り広げている。一方，バス事業も規制緩和により参入と撤退を繰り返しながら他社との競合路線やツアーバスなどと競争を繰り広げている。しかし，全体的に見ると，それは活性化につながっているように感じられるが，その反面公共交通の範囲を縮小させていることは明らかである。例えば鉄道では地方私鉄や第三セクター鉄道の撤退が相次いでいるが，大都市での新線開通により，日本全国の鉄道全体の距離は減ってはいないと言われている。しかし，それは，集中が進んでいるのであり，一方では，少子高齢化が進行し，特に地方での公共交通の必要性が叫ばれている。このような状況の下で取り残される地域が発生しつつあることを改めて重く感じなくてはならない。

　ところで若者の車離れについて考えるもうひとつの考え方もできるのでないかと感じる。それは車を一人で独占するよりも，共同して使うことにより一つの共同体のようなものが生まれる可能性があると感じる。これは，交通の独占欲から始まったと考えても良い自家用車の所有から大きく一歩進むように感じる。今までは，交通は自分の都合にさえ合えばよいという考え方が自家用車の所有を広めてきたように感じるからである。そして，公共交通が利用されなくなった理由は，単に自分の都合に合わないからであったようにも思えるのである。しかし，自動車を運転できない人が大量に発生することは間違いない。一方，公共交通を支えてきた自治体にも限度があるように感じる。ただ山の上に行く交通手段ならば長崎市内のグラバー園に行く乗り物のようにエレベーター的な交通機関を提供することも一つの方法である。しかし，一定の長い距離がある場合はやはりバスなどが必要であろう。しかし，最近では，地域循環バス等を運営している自治体も限られた予算で住民の要望に応えて行くことは難しいと言われている。これから地域交通を支えてゆくのは，交通事業者や自治体のみに頼らず地域住民の協力により地域を一つ

の共同体として持続可能な交通機関を構築してゆくことが必要である[46]。

## 注

### 第1章

1）原田勝正著『日本の国鉄』岩波書店 1984年 第一刷 p.3～p.15
　　久保田博著『日本の鉄道史セミナー』2005年 初版 p.9～p.20
2）久保田博著『日本の鉄道史セミナー』2005年 初版 p.54～p.55
3）中西健一著『日本私有鉄道史研究』昭和38年 日本評論新社 p.30～p.40
　　久保田博著『日本の鉄道史セミナー』2005年 初版 p.54～p.61
4）中西健一著『日本私有鉄道史研究』昭和38年 初版 日本評論新社 p.86～p.113
　　久保田博著『日本の鉄道史セミナー』2005年 初版 p.47～p.56・p.89～p.92
　　作間芳郎著『関西の鉄道史』成山堂書店 平成15年 初版 p.84～p.101
　　原田勝正著『日本の国鉄』岩波書店 1984年 第一刷 p.47～p.56・p.63～p.70
5）日本の鉄道は1872年（明治5年）新橋・横浜間の開通以前より鉄道寮が担当し1877年（明治10年）1月19日より内閣直属の組織「鉄道局」となる。井上勝は鉄道寮時代より鉄道寮鉄道頭、鉄道局時代は鉄道局長として鉄道行政のトップを務めてきた。しかし、行政の一部局の鉄道局をいつまでも内閣に属させることは適当でないとして1890年（明治23年）内務省に移管されることになる。なぜ、内務省かの理由については、鉄道建設は内務省と密接な関係にあると考えられたからであった。当時、組織の内部は3部に分けられ1部には建設、工作、研修、施設関連、2部は運輸関連、3部は会計や資材等を担当となった。尚、鉄道庁長官も引き続き井上勝が明治26年3月15日まで務めている。

　　この鉄道局は1892年（明治25年）7月21日に逓信省の外局に再び移管され1892年（明治25年）11月10日内局の鉄道局となった。これは格下げではなく当時の全ての鉄道を管理する強力な機関を誕生させることが目的であった。しかし、1895年（明治28年）以降再び活発となった私有鉄道の建設に対応するために改組され「鉄道作業局」となった。尚、鉄道局長には松本荘一郎が就任している。その後1907年（明治40年）4月1日より「帝国鉄道庁」となったのである。

　　原田勝正著『日本の国鉄』岩波書店 1984年 第一刷 p.47～p.63
　　鉄道百年略史編さん委員会『鉄道百年略史』鉄道図書刊行委員会昭和48年 p.17, p.59～63
6）原田勝正著『日本の国鉄』岩波書店 1984年 第一刷 p.63～p.70
7）久保田博著『日本の鉄道史セミナー』2005年 初版 p.80～p.84
8）久保田博著『日本の鉄道史セミナー』2005年 初版 p.76～p.80
　　原田勝正著『日本の国鉄』岩波書店 1984年 第一刷 p.80～p.84・p.87～p.102
　　石井幸孝著『入門鉄道車両』交友社 昭和50年 3版 p.70～p.80
9）原田勝正著『日本の国鉄』岩波書店 1984年 第一刷 p.102～p.116・119～122
10）原田勝正著『日本の国鉄』岩波書店 1984年 第一刷 p.130～p.138
11）原田勝正著『日本の国鉄』岩波書店 1984年 第一刷 p.139～p.148
12）原田勝正著『日本の国鉄』岩波書店 1984年 第一刷 p.157～p.170
　　久保田博著『日本の鉄道史セミナー』グランプリ出版 2005年 初版 p.165～p.173
13）久保田博著『日本の鉄道史セミナー』グランプリ出版 2005年 初版 p.76～p.80・p.165～p.171

石井幸孝著『入門鉄道車両』交友社　昭和50年　3版　p.46～p.57
14）久保田博著『日本の鉄道史セミナー』2005年　初版　p.174
　石井幸孝著『入門鉄道車両』交友社　昭和50年　3版　p.52～p.53
　原田勝正著『日本の国鉄』岩波書店　1984年　第一刷　p.171～p.173
15）原田勝正著『日本の国鉄』岩波書店　1984年　第一刷　p.173～p.178
16）原田勝正著『日本の国鉄』岩波書店　1984年　第一刷　p.179～p.182
　久保田博著『日本の鉄道史セミナー』グランプリ出版　2005年　初版　p.205～p.208
17）原田勝正著『日本の国鉄』岩波書店　1984年　第一刷　p.182～p.190
18）原田勝正著『日本の国鉄』岩波書店　1984年　第一刷　p.182～p.190
19）原田勝正著『日本の国鉄』岩波書店　1984年　第一刷　p.183～p.196
20）所澤秀樹著『国鉄の戦後がわかる本』山海堂　2000年　初版　p.86～p.100
21）久保田博著『日本の鉄道史セミナー』グランプリ出版　2005年　初版　p.227～p.229
22）所澤秀樹著『国鉄の戦後がわかる本』山海堂　2000年　初版　p.149～p.153・p.296
23）所澤秀樹著『国鉄の戦後がわかる本』山海堂　2000年　初版　p.150～p.152
24）所澤秀樹著『国鉄の戦後がわかる本』山海堂　2000年　初版　p.175～p.185
25）真鍋繁樹『国鉄解体』山海堂　昭和61年　第一刷　p.60～p.66
　原田勝正著『日本の国鉄』岩波書店　1984年　第一刷　p.193～p.196
　所澤秀樹著『国鉄の戦後がわかる本』山海堂　2000年　初版　p.254～p.255・p.275～p.276
　久保田博著『日本の鉄道史セミナー』グランプリ出版　2005年　初版　p.222～p.229

## 第2章

26）新交通システムは，かつてアメリカで開発された。開発当初「パーソナルラピットトランジット」「グループラピットトランジット」の二種類があった。パーソナルラピットトランジットは，自動運転で数人を輸送するシステムである。グループラピットトランジットは，軌道を利用したバスタイプの乗り物であった。これらは，小規模輸送のために開発されたがその後建設費等の安さより普及した。わが国においてこのシステムに興味を示したのが旧建設省と旧住宅・都市整備公団であった。その後，新交通システムの標準化には専門機関の日本交通計画協会に研究を依頼し調査が旧運輸省と共同で行われることになった。また，当時の車両製作メーカーも参加し各社ともに独自のシステムを提言したそのメーカーとシステムの一覧は次の通りである。

| メーカー | | | システム名 |
|---|---|---|---|
| 川崎重工 | —— | —— | KCV |
| 新潟鐵工 | 住友商事 | —— | NTS |
| 三菱重工 | 三菱電機 | 三菱商事 | MAT |
| 日本車両 | 三井物産 | —— | VONA |
| 神戸製鋼 | 日商岩井 | —— | KRT |
| 富士重工 | 日本製管 | 日綿 | FAST |
| 東急車両 | 日立製作所 | —— | PARATRAN |

　開発の結果，わが国では（無人電車を誘導する補助軌道のこと）側方案内方式を標準

規格とし動力となる電源は直流750Vとし，車両限界（車両が構造物に衝突しないように決めた幅）高さ3300mm幅2400mm満載重量18t以下建築限界（トンネルなどの構造物側の最小の大きさ3500mm幅3000mm）案内面寸法（車両の走る路面）左右2900mm中心の高さ案内面から300mmホームの高さ走行面から1070mm設計重量（車両軸重）9t 各社が選択可能とするものは信号保安方式・運行管理方法・通信方式などとなった。決定された標準化システムは早くから開業した神戸市新交通（ポートライナー）や大阪南港ポートタウン線（ニュートラム）などの建設に影響を与えた。

佐藤信行著『モノレールと新交通システム』グランプリ出版 2004年 初版 p.128～p.137

27)『市営交通70年のあゆみ』名古屋市交通局 平成4年8月1日 p.116・p.118
『EXPRESS Vol 51』2007年 名城大学鉄道研究会機関誌 居田嶺史 p.8・p.9
愛知県ホームページ http://www.pref.aichi.jp/0000011611.html

28) 鈴木文彦著『新版バス年代記』グランプリ出版 2009年 初版 p.120～p.122

29) 佐藤信行著『モノレールと新交通システム』グランプリ出版 初版 2004年 p.136
『EXPRESS Vol 51』2007年 名城大学鉄道研究会機関誌 居田嶺史 p.10・p.11

30)『CHUNICHI Web』2008年9月10日版

31)『お国自慢・三好町』2005年 http://www.machi.mobi/a/23/521_02.htm
『日進市・統計』日進市 2008年
http://www.city.nisshin.lg.jp/dbps_data/_material_/localhost/files/zinkou_setai.pdf

32) 第37回土木計画学会研究発表会・2008年6月6日
http://www.urban.env.nagoya-u.ac.jp/sustain/paper/2008/jiyu/37komiyama.pdf
『旧桃花台新交通線利用者の廃止後における交通行動変化に対する実証分析』小宮直久，竹下博之　加藤博和　土木学会中部支部研究発表 2008 3月 p.343・p.344
http://www.urban.env.nagoya-u.ac.jp/sustain/paper/chubu/h19komiyama.pdf

33)『鉄道革命』東洋経済新報社 4月19日号 p.86～p.97

34)『広島高速交通・経営状況』広島高速交通 2007年
http:// www.astramline.co. jp/situation19.html
『広島高速交通・会社概況広島高速交通㈱』2007年
http://www.astramline.co.jp/situation18.html

## 第3章

35) 高田公理著『自動車と人間の百年史』昭和62年 新潮社 p.20～p.28

36)『世界』岩波書店 1990年 第545号
鈴木文彦著『路線バスの現在未来』グランプリ出版 2001年 p.190～p.203
『ハイウエイバスニュース　スクラップ』
http://www.hi-ho.ne.jp/matchan/01bus/news.html
『国内格安高速バス』http://travel.goo.ne.jp/jp/bus/index.html

37) 日本交通政策研究会 寺田一薫『地方分権とバス交通』勁草書房 2005年 初版 p.7～p.24
鈴木文彦著『路線バスの現在未来』グランプリ出版 2001年 初版 p.196

『北陸信越運輸局ホームページ』国土交通省北陸信越運輸局
http://wwwtb.mlit.go.jp/hokushin/press/bus_jiko.pdf#search='高速バスの事故
『産経ニュース』産業新聞社
http://sankei.jp.msn.com/affairs/disaster/090718/dst0907181313016-n1.htm'
『産経ニュース』産業新聞社 09年10月15日
http://sankei.jp.msn.com/affairs/disaster/091015/dst0910151848009-n1.htm
『毎日新聞ニュース』毎日新聞社 2007年2月22日
http://tav-net.com/news/2007/070221
mainichi/20070220-2033/shakai/jiken/news/20070221k0000m040009000c.html
『国土交通省 貸切バスに関する安全等対策検討会報告』国土交通省
http://www.mlit.go.jp/kisha/kisha07/09/091019_2/01.pdf
http://www.mlit.go.jp/kisha/kisha07/09/091019_2/02.pdf
http://www.mlit.go.jp/kisha/kisha07/09/091019_2/03.pdf

38)『近畿運輸局ホームページ統計データ』
http://wwwtb.mlit.go.jp/kinki/ chousa/akashi.html chousa/akashi.html
39)『神戸新聞総合』神戸新聞社 2007年7月12日ニュース
http://www.kobe-np.co. jp/kobenews/sougou/020712ke65500.html
『神戸新聞ニュース』神戸新聞社 2005年4月27日ニュース
http://page.freett.com/biland/omake/news1.html
神戸新聞ニュース:経済/2005.04.27/高速バス神戸快走 鉄道より割安、便利
http://page.freett.com/biland/omake/news1.html
田中角榮著『日本列島改造論』日刊工業新聞社 昭和47年 p.130～p.137
40)『四国運輸局組織別海事振興部ホームページ』国土交通省四国運輸局
41)『北国新聞ニュース』2006年 北国新聞社 2006年 4月11日
http://www.hokkoku.co.jp/_today/H20060411001.htm
『坂戸市ホームページ』
http://www.city.sakado.lg.jp/8,9216,96,517.html
『愛媛県警ホームページ運転免許返納制度』愛媛県警
http://www.police.pref.ehime.jp/menkyokanri/mekyohennou.pdf#search='運転免許返納制度'
『中日新聞chunichi web』中日新聞社 2009/11/07
http://www.chunichi.co.jp/article/shizuoka/20091107/CK2009110702000180.html
42)『JR四国ホームページ』四国旅客鉄道株式会社
http://www.shikoku-np.co.jp/kagawa_news/economy/article.aspx?id=20090825000107
『にしてつグループホームページ駅から駅まで100円バス』西鉄バス株式会社
http://www.nishitetsu.co.jp/bus/service/100/eki100.htm
『にしてつグループホームページ福岡都心100円バス』西鉄バス株式会社
http://www.nishitetsuco.jp/bus/service/100/default.htm
『名古屋市交通局ドニチエコキップ』名古屋市交通局 http://www.kotsu.city.nagoya.jp/
名古屋市交通局では平日の1日乗車券820円よりもさらに割り引いたバス地下鉄乗り放

題の1日乗車券，「ドニチエコキップ」600円を販売している

43) 『JR東日本ホームページ』東日本旅客鉄道株式会社 http://www.jreast.co.jp/suica/
『小田急電鉄ホームページ　PASMO』小田原急行電鉄株式会社
http://www.odakyu.jp/release/pasmo/index.html
『小田急電鉄ホームページ　小田急安心スクルールパス』小田原急行電鉄株式会社
http://www.odakyu.jp/program/info/data.info/4554_6006775_.pdf
小田急電鉄では，沿線の学校等に対して定期券を利用した，児童生徒の登下校の時刻等の情報を提供している。

## 第4章

44) 『過疎地域における公共交通サービスの効果的な提供と維持基準』
http://www.jterc.or.jp/mihon_kenkyu/seiken/kenkyu_katudo/colloquia/dat/col_73.htm
45) 『街づくり企業山万・沿革史』山万株式会社
http://www.yamaman.co.jp/about_us/history/index.html
『山万ユーカリが丘線』山万株式会社 http://town.yukarigaoka.jp/yukariline/
山万ユーカリが丘線を走る電車はユーカリのきにちなんで「こあら」と名づけられている
『モノレールと新交通システム』佐藤信行 グランプリ出版 2004年 初版 p.207～p.209

## おわりに

46) 日本交通政策研究会2・2田邉勝巳『地方分権とバス交通』勁草書房 2005年 p.62～p.81
『JR北海道DMV』北海道旅客鉄道株式会社
http://www.jrhokkaido.co.jp/new/dmv/about.html

**参考文献**

原田勝正著『日本の国鉄』岩波書店 1984年 第1刷
久保田博著『日本の鉄道史セミナー』2005年 初版
中西健一著『日本私有鉄道史研究』日本評論新社 昭和38年
石井幸孝著『入門鉄道車両』昭和50年 3版
作間芳郎著『関西の鉄道史』成山堂書店 平成15年初版
真鍋繁樹『国鉄解体』山海堂 昭和61年 第一刷
日本交通政策研究会 寺田一薫『地方分権とバス交通』
鈴木文彦著『新版バス年代記』グランプリ出版 2009年
佐藤信行著『モノレールと新交通システム』グランプリ出版 2004年 初版
『市営交通70年のあゆみ』名古屋市交通局 平成4年8月1日
高田公理著『自動車と人間の百年史』新潮社 昭和62年
田中角榮著『日本列島改造論』日刊工業新聞社 昭和47年
鈴木文彦著『路線バスの現在未来』グランプリ出版 2001年 初版
『世界』岩波書店 1990年 第545号
『鉄道革命』東洋経済新報社 4月19日号
『EXPRESS Vol 51』2007年 名城大学鉄道研究会機関誌
日本交通政策研究会2・2 田邉勝已『地方分権とバス交通』

# 索引

## ア行

愛・地球博 58, 59
愛知高速鉄道 59
あおなみ線 58
上尾事件 28
明智鉄道 98, 99
阿蘇高原鉄道 103
アルセ・ポートマン 4
ETC割引 63, 77
宇高連絡船紫雲丸衝突沈没事故 78
運転免許返納制度 80
運輸省設置法 17
運輸政策審議会国鉄地方交通線問題小委員会 29
ATS 25
LRT 53, 54
LRV 98, 99
小笠原長行 4
尾道今治ルート 70, 77
尾張北部地区を中心とした公共交通サービス向上対策プログラム検討会 43

## カ行

カーシェアリング iii, 118
カートトレイン 115
会計制度専門委員会 17
改主建従計画 11
鹿島鉄道 101
上飯田連絡線 38, 39
関門トンネル 12
基幹バス 101
擬制のバスツアー iii, 62
軌道敷 54, 83

気動車 19, 20, 25, 113
狭軌 10, 13, 115
行政官庁法 16
区画整理事業 50
軽便鉄道 54
建主改従 10, 11
広軌 10, 23
公共事業体労働関係法の適用 18
高速バス 39, 45, 62, 65, 67, 69, 73, 79, 102, 111
交通権 iii, 98, 99
甲武鉄道 7
神戸空港 41, 71
神戸鳴門ルート 70, 72, 79
交流電化 20, 113
国鉄再建法 30, 31, 32
国鉄の分割民営化案 32
国有化 7, 8, 9, 10, 13
国有鉄道公庁 17
国有鉄道公社案 17
国有鉄道事業特別会計 18
児島坂出ルート 70
コミュニティバス 92, 106
コンテナ 109, 110, 115
グループラピットトランジット 122

**サ行**

財政再建の十ヶ年計画 26
財政健全化法 100
埼玉新都市交通 42
桜木町事故 16
札幌市営地下鉄 47
薩摩藩の鉄道計画 4
三島会社 33, 81, 119
山陽鉄道 6, 8
四国新幹線計画 72
時差通勤 105

自転車　39, 53, 55, 65, 83, 96, 101, 105, 117
自動車輸送　28, 29, 109, 110, 115
車輪用の旋盤設備　48
集配列車　109
私有鉄道　i, 6, 7, 8, 9
蒸気自動車　65
少子高齢化　ii, 35, 50, 98, 105, 119
新交通システム　38, 40, 41, 42, 47, 48, 49, 53, 54, 55, 58, 95, 97
人力車　5
スト権スト　27
青函トンネル　115
整備新幹線計画　10, 114
西武鉄道山口線　42
石灰輸送　109, 110
瀬戸大橋　70, 71, 74, 77, 79, 86
全国鉄道建設及び改良に関する決議　10
戦時型　14
専用軌道　54, 59
相互乗り入れ　48, 49, 50

## タ行

第一次五ヶ年計画　21
第五北川丸事件沈没事件　78
第三次五ヶ年計画　26
第三軌条方式　49
第三セクター　31, 33, 37, 38, 42, 58, 89, 98, 100, 102, 114, 119
大東急時代　13
第二国土軸　72
第二次五ヶ年計画　21, 22, 24
高崎線の開通　6
高千穂あまてらす鉄道　103
短距離型の都市間高速バス路線　46
丹那トンネル　12, 23
地域循環バス　iii, 89, 92, 94, 119
地方交通線　30, 31, 35, 81
通勤ラッシュ　50, 105

ディーゼルカー 19, 113
帝国鉄道庁官制 9
鉄道院 9
鉄道会議規則 8
鉄道建設ブーム 6
鉄道国有化法 i, 8
鉄道施設法 7, 8
鉄道百年 27
東海道新幹線 22, 24, 26, 33, 34, 65, 113, 115, 118
桃花台新交通線 37, 38, 43
道路特定財源 24
特定地方交通線 30, 31, 32, 34
都心回帰 50
等級運賃制を全面的に廃止 26
ドニチエコきっぷ 82
トラックドライバー 80, 108
トルクコンバータ 19

## ナ行

名古屋ガイドウエイバス 59, 60
名古屋市営バスの高速一号系統 45
名古屋市交通局鶴舞線 50
南海丸沈没事故 78
南港ポートタウン線ニュートラム 42
西成線 19
日露戦争 8, 9, 10
日暮里舎人ライナー 42, 58
日本国有鉄道経営再促進特別措置法案 30
日本鉄道株式会社 6

## ハ行

ハイウエイバス 65, 66
パーソナルラピットトランジェット 122
バリアフリー化 69
万国博覧会 26
阪神淡路大震災 42

阪和電鉄 20, 91
肥薩おれんじ鉄道 113, 114
標準軌道 11
広島新交通 40, 53, 54, 56
併用軌道 54
ポートピア81 41
ポートライナー 41, 42, 48
北海道炭鉱鉄道 7
北陸新幹線 114
北陸鉄道 64
本州四国連絡橋 46, 70, 71, 75

マ行
三河島事故 22
無許可営業 68
名鉄豊田新線沿線 50
モータリゼーション 3, 24, 26, 34, 80, 81

ヤ行
山万ユーカリが丘 42
夢の超特急 23
横浜新都市交通シーサイドライン 42

ラ行
陸運統制令 13
リニモ 59
列車自動停止装置 25, 116

**著者紹介**

森本知尚（もりもと　ともひさ）
　昭和43年　徳島県徳島市に生まれる。
　平成 5 年　名城大学商学部Ⅱ部商学科卒業
　平成13年　名城大学大学院法学研究科修士課程修了
　平成17年　名城大学大学院経済学研究科修士課程修了
　平成22年　名城大学大学院経済学研究科博士後期課程修了
　現在・愛知県立春日井工業高等学校　非常勤講師

公共交通の過去と未来

2012年 9 月10日　第 1 版第 1 刷発行

　　　　　　　　　　　　　著　　者　　森　本　知　尚
　　　　　　　　　　　　　発　行　者　　橋　本　盛　作
　　　　　　　　　　　　　発　行　所　㈱御茶の水書房
　　　　　　　　　　　〒113-0033　東京都文京区本郷5-30-20
　　　　　　　　　　　　　　　　　電話　03-5684-0751

Printed in Japan　　　　　　　　　　　印刷・製本　㈱タスプ

ISBN978-4-275-00994-4　C3033

SGCIME編 マルクス経済学の現代的課題　全九巻・一〇冊

第Ⅰ集　グローバル資本主義

第一巻　グローバル資本主義と世界編成・国民国家システム

Ⅰ　世界経済の構造と動態

Ⅱ　国民国家システムの再編

第二巻　情報技術革命の射程
第三巻　グローバル資本主義と企業システムの変容
第四巻　グローバル資本主義と景気循環
第五巻　金融システムの変容と危機
第六巻　模索する社会の諸相

第Ⅱ集　現代資本主義の変容と経済学

第一巻　資本主義原理像の再構築
第二巻　現代資本主義の歴史的位相と段階論（近刊）
第三巻　現代マルクス経済学のフロンティア

各巻定価（本体三二〇〇円＋税）

御茶の水書房